历史的真性情

先秦一两汉卷

忆江南 著

U0754656

北方联合出版传媒（集团）股份有限公司

万卷出版公司

© 忆江南 2020

图书在版编目（CIP）数据

历史的真性情. 先秦-两汉卷 / 忆江南著. — 沈阳：
万卷出版公司，2020.5
ISBN 978-7-5470-5324-9

Ⅰ. ①历… Ⅱ. ①忆… Ⅲ. ①中国历史 - 先秦时代 -
汉代 - 通俗读物 Ⅳ. ①K209

中国版本图书馆CIP数据核字（2020）第033409号

出 品 人：刘一秀
出版发行：北方联合出版传媒（集团）股份有限公司
　　　　　万卷出版公司
　　　　　（地址：沈阳市和平区十一纬路25号　邮编：110003）
印 刷 者：辽宁新华印务有限公司
经 销 者：全国新华书店
幅面尺寸：145mm×210mm
字　　数：220千字
印　　张：9
出版时间：2020年5月第1版
印刷时间：2020年5月第1次印刷
责任编辑：张洋洋
责任校对：高　辉
装帧设计：刘萍萍
ISBN 978-7-5470-5324-9
定　　价：39.80元
联系电话：024-23284090
传　　真：024-23284448

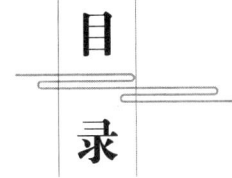

目 录

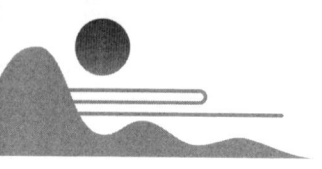

代序 《山海经》写的是哪国的山

《山海经》是一部非常神秘的中国古书，它光怪陆离、气象万千，且包容量巨大，有横跨亚欧之势，然而又无明确史实，于是，就有了各种各样的解读。

《山海经》中的《山经》占了全书三分之二的篇幅，内容庞杂，充满神奇，又与现实若即若离，解读起来当然非常困难，以至于有人认为其中的"西山经"写的是美洲大陆西岸包括海岸山脉、落基山脉在内的科迪勒拉山系。其实，这完全是一种误读。

《山经》部分涉及的山真可谓成千上万，不计其数，其中的绝大多数我们都没听说过，要想完全解读绝对是不可能完成的任务，但我们可以根据大家熟悉的山以及河海湖泊做出大体的判断。

《山经》包括五部分，分别是"南山经""西山经""北山经""东山经""中山经"，其中包含大家熟悉的信息最多的是"西山经""北山经""中山经"。

"西山经"中提到了华山、阴山、天山、昆仑山等山脉，多次出现渭河，黄河也谈到了几次，另外还涉及了泾水（渭河的重要支流，

"泾渭分明"一词即与之有关）和汉水，因此我们可以得出这样的结论——"西山经"写的是晋陕之间的黄河以西、秦岭以北的山脉。

"西山经"中讲到了一座大时山，说此山山南有涔水，注入汉水，山北有清水，流入渭河。很明显，大时山是长江流域和黄河流域分水岭的一部分，是我国南北分界线秦岭山脉的一段。

在"北山经"出现的名山有北岳（恒）山、太行山、王屋山、燕山，为人熟知的河流则有黄河、汾河、滹沱河、清漳水、浊漳水，另外，其中谈到的河流几乎都是最后汇入渤海。显而易见，"北山经"和山西省有着非常密切的关系，具体说，这部分描写的是晋陕之间的黄河以东，太行山、燕山一线以西、以北的山脉。

"东山经"中出现的山为人熟知的很少，但其中有鼎鼎大名的泰山，而且其中提到在无皋山上往东可远眺扶桑（古代中国以东的岛国，一般认为是指日本）。所以，笔者推断"东山经"写的是黄河下游以东、长江以北的山脉。

之所以认为"东山经"讲的是长江以北的山，是因为"南山经"中出现了太湖。"南山经"和"东山经"一样包含着很多大家都不熟悉的信息，其中的山几乎没有一座是人们所熟知的，但这一部分提到的河流大都注入南海，而且有一条河名为佐水（古代"佐"同"左"），和广西西南部的左江极为相似。因此，笔者得出的结论是——"南山经"主要写的是长江以南的山脉，但属于华中地区的湖南应该除外。

"中山经"中的山脉分布在河北、河南、湖北、湖南一线以及四川、重庆的江北地区，比如河北东部的首阳山（就是伯夷、叔齐不食周粟，活活饿死的地方），河南的少室山（嵩山的一部分）、泰室山（即太室山，嵩山的一部分）、青要山、熊耳山，湖北的荆山，湖南的洞庭山、衡山，川北的岷山，等等。另外，"中山经"明确提到中岳（嵩山）在中部第六列山系。可以作为证据的还有这一部分的一些河流，如黄河、长江（古人认为岷江为长江之源）、洛河和伊水（洛河的支流）。

嵩山是座名山，众所周知，但"中山经"中的另一座属于河南的山——青要山，笔者是通过河南戏曲豫剧《情系青要山》了解的。此山位于河南省新安县，是座地方名山。因此，笔者大胆推测《山海经》中的山大多是地方名山，而且《山海经》作者记录的山名可能主要来自地方方言，这也是它难以解读的一个原因。

尽管《山海经》中有很多难以解读的神奇和谜团，但这本书写的是中国的山这一点应该是毋庸置疑的，至于其中的《海经》则的的确确有横贯亚欧、包罗全球之势，当然解读起来也就更难。

夏、商、周时期

后羿：不只是传说

　　历史悠久的神州大地有着许多神奇优美的传说，其中最神奇、最优美的应该是远古时期的神话故事，比如盘古开天地、女娲补天、夸父追日、精卫填海、后羿射日，等等。在这些神话的主人公中，后羿和别人有着本质的不同，因为他不只是一个传说人物，而且也是一个历史人物，传说中的后羿是以历史上的羿为原型创造出来的。

　　历史上的羿生活在四千年前的夏朝初期，开始时是东夷地区（中心地区在今山东省）马颊河下游（今山东省德州北部）的一个大部落的首领，也是个闻名遐迩的神射手，后来他凭借自己的能力很快成了东夷族的首领。

　　当时在位的夏王是大禹的孙子、夏朝开创者夏启的儿子太康。太康耽于享乐，不顾百姓死活，引起了人们的不满。于是，羿就适时而动，以武力推翻了太康的统治，掌握了国家大权。但他并没有自己登上王位，而是把太康的弟弟仲康立为名义上的夏王。

　　羿虽然不是养尊处优、骄奢淫逸的人，可是他掌握政权之后对打猎游玩的兴趣却有增无减，以至于影响了他对国家大事的管理，大权逐渐落到了大臣寒浞的手里。

终于有一天，灾难降临了。野心勃勃、心狠手辣的寒浞杀害了羿和他的儿子。

羿死后，被羿立为夏王的仲康就沦为了野心家寒浞手中任意把玩的棋子。由于行动完全失去了自由，仲康心情抑郁，身体每况愈下，不久就死了，寒浞就让仲康的儿子相继承了王位。

相不愿意继续像父亲一样做傀儡，找机会逃出了王宫，结果不幸被寒浞的儿子过浇追上杀死了。相的妻子后缗这时候已经有孕在身，母爱的力量帮助她躲开过浇的搜捕，从墙洞里偷偷爬了出去。在后缗的娘家有仍氏那里，她生下了一个儿子，取名少康。

后来，少康在百姓的支持下，攻占了夏朝都城安邑，杀死了过浇（这时，寒浞已死），天下又回到了大禹的子孙手里，这就是历史上的"少康复国"或"少康中兴"。

之所以说后羿不只是个传说，不仅因为他的历史原型羿是"少康复国"这段历史的一部分，而且在现在的世界上仍然有他留下的遗迹。

在今天的山东北部马颊河下游，从东到西有三座古"冢"，最东边的一座称为"灰冢"，相传为远古时期的占卜台和祭祀台；中间的一座称为"夷王墓"，据说是羿的墓葬；最西边的"小冢子"则传为他儿子的坟墓。据考证，这三处古"冢"都是四五千年之前的龙山文化遗址，和羿生活的时代正好吻合。

伯夷、叔齐姓字名谁？

这是一个看似特简单其实挺麻烦的问题。

咱们先回顾一下伯夷、叔齐不食周粟，饿死首阳山的历史传奇。

公元前 1046 年，周武王誓师伐纣，剑指朝歌，正在周国安享晚年的伯夷、叔齐兄弟得知消息后，急忙赶来劝阻武王放弃"以暴制暴"的行动，但是没有成功。

商朝被灭掉后，周武王成了天下的共主。曾经被他拒绝的伯夷、叔齐决定继续忠于商朝，并且登上首阳山做了隐士。

为了展示自己的气节，伯夷、叔齐宣布他们不再吃大周的粮食，而以山上的野菜充饥，最终竟然饿死在首阳山上。

那么伯夷、叔齐究竟姓字名谁呢？不了解历史的人会想当然地回答："这还用问，伯夷自然姓伯名夷，叔齐应该姓叔名齐。"了解历史的人则会给出这样的答案："这两个人是兄弟俩，一个叫伯夷，一个叫叔齐，他们姓什么书上没有说。"

听起来好像第二种回答是正确的，实则不然。

实际上，"伯夷"并非姓名，"伯"是伯夷在兄弟间的排行，而"夷"

则是他死后人们为他起的谥号。同样，"叔齐"中的"叔"和"齐"也分别是兄弟排行和谥号。如果按照这种方式来称呼"三苏"中的大苏和小苏，那么排行老大、谥号为"文忠（公）"的苏轼将称作伯文忠；排行老二，谥号"文定（公）"的苏辙则应称为仲文定。

那么，伯夷、叔齐的真实姓名是什么呢？

据《史记》记载，伯夷、叔齐所属的孤竹国王室以墨台为姓，即现在的墨姓。伯夷名允，字公信；叔齐名智，字公达。也就是说，伯夷全名墨台允，叔齐大号墨台智。

关于伯夷、叔齐还存在一个误解——伯夷是老大，叔齐是老二，这个说法的前半截是对的，伯夷确实是孤竹国国君墨台初的长子，后半截却是错的，叔齐并非老二，叔齐的"叔"字就是一个无可辩驳的证据。

在中国古代，特别是先秦时期，兄弟间的排行有"伯仲叔季"这个顺序，《三国演义》就有一个非常典型的例子——吴主孙权的父亲孙坚有四个儿子，长子孙策，字伯符；次子孙权，字仲谋；三字孙翊，字叔弼；四子孙匡，字季佐。孙策弟兄四个分别占了"伯仲叔季"四字中的一个。同样，占了"叔"字的叔齐应该排行老三，也就是说，他和伯夷中间还有一个弟兄。

《史记》卷六十一《伯夷列传第一》有这样的记载："伯夷、叔齐，孤竹君之二子也。父欲立叔齐。及父卒，叔齐让伯夷。伯夷曰：'父命也。'遂逃去。叔齐亦不肯立而逃之。国人立其中子。"

周穆王：王母娘娘的蓝颜知己

看过《西游记》的人肯定都对王母娘娘的蟠桃会印象非常深刻，那真是一个群仙毕至、聚"精"会"神"、山珍海味尝不完、美酒佳酿品不尽的超级大聚会呀！殊不知，王母其实还曾经为一个凡人准备过无比丰富、无上华美的大宴席呢，这个凡人当然也不是一般的人物，他就是中国历史上最有传奇色彩的君主、西周王朝的第五位天子周穆王姬满。

公元前 1002 年，也就是周武王灭掉商朝五十年后，武王的曾孙周昭王在南征楚国时不幸落水身亡，他的儿子姬满继位成为周天子，历史上称为周穆王。

据《列子》记载，周穆王是一个与众不同的国君，因为他最大的爱好既不是权力，也不是美女，而是旅游。虽然他登位时"春秋已五十矣"（出自《史记》），却是个不折不扣的旅游发烧友，换个更新潮的词，叫超级驴友。

周穆王年轻时起就有着"欲肆其心，周行天下"的远大理想，用现在的话说就是要随心所欲地走遍大周朝乃至全世界的每一片土地。他在做太子的时候应该已经实现了游遍国内的宏伟目标，所以，他一升格成为周天子就开始为出国旅游做准备了。

首先，周穆王请来了当时中国最好的马车司机造父，造父这个人物名气不够响亮，但要说起他的后代子孙，那绝对是响当当的人物——以赵武灵王为代表的赵国君主都是他的后人。造父不但善于驾车，对相马也是行家里手，他帮助周穆王寻访到了国内最优秀、最拔尖的八匹名马，并把它们训练得像他自己的身体一样听话。这八匹马的名字分别是赤骥、盗骊、白义、逾轮、山子、渠黄、华骝、绿耳，历史上称之为"八骏"。

一切准备停当，周穆王乘坐造父驾驶的八骏豪华马车，带领被称为"七萃之士"的大批随从，离开镐京向西进发。之所以将西方作为第一选择，是因为西部国界线距离镐京最近，他可以最快地感受到异国的山川土地和风土人情。

周穆王一行先沿着渭河西行，穿越黄河后，取道河西走廊继续前进，不久到达了险恶难渡、据说连羽毛都浮不起来的弱水。在传说中，弱水河的河神在接受了周穆王的祭祀后，命令河里的鱼、龟、鳄鱼等动物为穆王搭起了一座桥让他的车通过。但事实上周穆王成功渡过弱水应该是跟随他的"七萃之士"的功劳，很可能是他们连夜搭建了一座浮桥。过了弱水再向西前行，就是传说中的西王母之国了。

神秘而高贵的西王母在瑶池上隆重地接待了远道而来的尊贵客人周穆王，据说他们食的是素莲、黑枣、碧藕、白橘等各色仙果，饮的是昆仑山上绝对无污染的甘甜雪水和周穆王穿越千山万水专程带去的美酒佳酿。西王母不但美丽妖娆、殷勤好客，还能歌善舞、出口成章，周穆王被她身上的异国情调和非凡才艺深深地吸引住了。周穆王在西王母之国停留了多少日子我们不得而知，我们可以确定的是他在西王母的陪伴下有些乐不思归了。司马迁在《史记》的《赵世家》中是这样记载的："（周穆王）见西王母，乐之，忘归。"虽然寥寥几字，周穆王对西王母的一片深情已经跃然纸上矣，而西王母的热情款待和深情挽留也足以表明她对周穆王的深情一片，如果笔者说他们二人分别是对方的红颜知己和蓝颜知己，应该不为过吧！

正当周穆王和西王母两情相悦、不忍分离的时候，传来了徐偃王起兵造反的噩耗，周穆王爱美人更爱江山，不得不忍痛割爱离开西王母回国平叛。

二人分别的那一天，西王母送了一程又一程，在真正要分手的那个时刻，她亲自为周穆王演唱了一首优美而深情的歌曲："白云在天，山陵自出。道里悠远，山川间之。将子无死，尚能复来。"歌词翻译成现代汉语意思是这样的："天上飘着悠悠白云，道路啊漫长得无穷无尽。无数的高山大河把我们阻隔，从此一别将难通音信。然而你将长生不老，相信以后还能重逢。"周穆王也深受感染，动了真情，他放下天子的身架，唱了一首和歌："予归东土，和治诸夏。万民平均，吾顾见汝。比及三年，将复而野。"意思是说："我回到神州故土以后，将使华夏各国都能和睦相处，使万民都过上平等富足的生活，到那时我会再来拜访你。"随后，他马不停蹄地返回周都镐京部署平乱事宜。好在徐偃王是个纸老虎式的角色，虽然看似气势不凡，不可一世，但很快就被周穆王和楚国联手拿下了。

按照《竹书纪年》的说法，周穆王这边正准备着再次谱写一部浪漫的"西游记"，西王母那边已经迫不及待地来到了镐京，周穆王在昭宫热情款待了西王母一行，为他的红颜知己呈上数不清的山珍海味、名优特产，以回报人家当初的盛情。

尽管周穆王和西王母互相倾慕，一往情深，可是周穆王绝不会离开泱泱大周去西王母之国当上门女婿，西王母也不可能放弃故国来镐京做周穆王的后妃，因此这两个国家领导人之间的爱情注定是一场没有结果的浪漫。王母之所以后来在民间传说里成了把牛郎、织女分隔在银河两岸的狠角色，很可能跟她和周穆王的这段无疾而终的情爱有着一定的关系。

春秋时代

男神子都：都教授的老祖宗

一部《来自星星的你》捧红了现实世界的金秀贤，也为艺术画廊增添了"都教授"这个人物典型。

都教授虽然是来自太空的外星人，可他的名字却是典型的韩国姓名。"都"姓在韩国是一个不大不小的姓，在中国则是一个小姓。但是，韩国的"都"姓来自于中国的"都"姓，他们拥有一个共同的祖先——春秋时代的男神子都。

故事要从春秋初年的郑庄公争霸说起。

现在，关于"春秋五霸"最流行的说法包括齐桓公、晋文公、宋襄公、秦穆公和楚庄王这五个诸侯，其实宋襄公只有争霸之心无称霸之实，根本算不上霸主，倒是比齐桓公早几十年的郑庄公曾经潇洒地"小霸"过一回。

郑庄公击败宋国、卫国，吞掉戴国后，意气风发，意犹未尽，把进攻的矛头指向了曾经惹怒过他的许国。出兵之前，郑庄公在王宫前的大广场上举行了一次誓师大会，并且宣布哪位将军最先登上主帅乘坐的战车，就将被任命为领军元帅。

于是，郑国的将军们展开了一场异常激烈的争车之战，最后，郑庄公最宠爱的将军公孙阏和郑庄公最尊重的将军颍考叔同时登上了主帅的战车。

公孙阏就是都教授的老祖宗子都，他是春秋时代的第一美男子，用现在的话说就叫男神。男神的称号并不是随便加在子都身上的，历史文献上有充足的证据。《诗经·郑风》中有一首《山有扶苏》是这样写的："山有扶苏，隰有荷华。不见子都，乃见狂且。"在这儿，子都已经是美男子的代称了，就像现在我们一说到帅哥就会想到吴彦祖一样。大思想家孟子在《孟子·告子上》则说过一句更为直截了当的话："至于子都，天下莫不知其姣也。不知子都之姣者，无目者也。"翻译成现代话就是："全天下没有人不知道子都的英俊帅气，不知道子都之帅的人都是没有眼睛的瞎子。"

公孙阏和颍考叔在战车上进行了郑国有史以来最激烈、最精彩的强强之战。开始时，两人你来我往，龙争虎斗，可谓是旗鼓相当，难分伯仲。但是，时间一长，年纪轻的公孙阏逐渐占了上风，颍考叔自然不愿甘拜下风，情急之下，他想出了一个以智取胜的主意。只见颍考叔忽然退后一步，抓起代表战车的辕木，跳下战车向郑庄公所在的方向奔去，公孙阏见状又惊又怒，拔下战车上的一杆长戟，怒气冲冲地去追颍考叔。

颍考叔毕竟先行了一步，而且战车离郑庄公的距离也不远，所以，就在公孙阏马上就要追上对手时，颍考叔把抢到的辕木郑重地举到了郑庄公面前。虽然郑庄公非常宠爱公孙阏，但事已至此，他也无话可说，只得宣布颍考叔获胜，并且任命颍考叔为征讨许国的主帅。年轻气盛的公孙阏看着颍考叔意气风发地登台拜帅，几乎瞪破了一双俊眼，咬碎了满口银牙。从那时起，他就将颍考叔视为了不共戴天的仇人。

一切准备停当，郑庄公令旗一指，颍考叔带领郑国大军浩浩荡荡杀向东南方向的许国，争帅失败的公孙阏作为主要将领之一随军行动。打了没几天，许国军队就顶不住了，郑国军队跟着溃败的许军冲进了许国都城。作为郑军主帅的颍考叔身先士卒，最为英勇，率领亲兵卫队，举着代表郑庄公的蝥弧旗登上了许国都城的城楼。忽然，一枝暗箭从城墙下的某个角落射来，正中颍考叔的后背，忠勇的颍考叔一头从城墙上栽了下来，当场殒命，蝥弧旗也随之坠地。紧跟着赶到的郑国将军瑕叔盈代替颍考叔举旗登上城楼，一边挥舞旗帜，一边高呼："我们的国君已登上城头了！"于是，许军放弃抵抗，许庄公跑到卫国避难去了。

郑国结束讨伐许国的战事之后，开始查寻害死颍考叔的凶手。尽管在战前和颍考叔刚刚结怨的公孙阏有很大嫌疑，但并没有足够的证据证明他是射死颍考叔的元凶，而他又是郑庄公最为宠爱的臣子，最后这个事就以一种滑稽可笑的方式不了了之了——郑庄公命令全国的军队，每一百个士兵出一头猪，每二十五个士兵出一条狗和一只鸡，然后每天指着这些畜生诅咒放暗箭射死颍考叔的人不得好死，下辈子变猪、变狗、变鸡。

公孙阏在历史上并没有因为颍考叔之死而怎么样或被怎么样，

但后人却认定是他放冷箭害死了和他有怨的颍考叔。东周后期的盲史官左丘明在《左传》中是这样记载的，明代小说家冯梦龙在《东周列国志》里不仅把公孙阏写成害死颍考叔的凶手，还让他因为恐惧颍考叔的鬼魂报仇而神经错乱，最后自杀而死。再后来，民间艺人把公孙阏的故事搬上了戏曲舞台，并且一直演到今天，这出戏就是现在仍然经常在京剧舞台上演出的经典名剧《伐子都》。

子都是公孙阏的字，他的后代为他的英俊帅气和武艺高强而深感自豪，就选取他的字中的"都"作为代代相传的姓氏，于是就有了一直传到现在的都姓。

汉武帝时期的元封元年，即公元前 110 年，子都的后人都稽因为在平定南越时俘获了南越国相吕嘉而被封为临蔡侯。九十多年后，都稽的后代都祖在汉成帝时期从长安东行翻山越海到达位于现在的朝鲜半岛的高句丽王国，辅佐当时的高句丽国王，都祖就是韩国"都"姓的第一人。经过两千多年的发展，源自中华的韩国"都"姓已经从都祖一家发展到了数万人的规模。

编成于 1752 年的朝鲜《星州都氏大同谱》的谱序和跋文中都曾提到，生活在朝鲜半岛上的"都"姓是汉代临蔡侯都稽的后人，这是中国和韩国在文化上同根同源的又一个厚重证据。

郑昭公：以君子之心度小人之腹

春秋初期，最强势的诸侯国并不是大家熟知的春秋五霸背后的齐、晋、楚、吴、越等国，而是处于大周朝中心地带的郑国。郑国在郑庄公时期达到鼎盛状态，曾经几次向周天子发起挑战，并且让周天子首次品尝了被下属打败的滋味。

郑昭公是郑庄公的大儿子，但他和张扬霸气的父亲性格完全不同，即位前是个温润如玉的王子，即位后是个真诚敦厚的君主，从行事风格来看，我们可以将他称为史上最高尚、最君子的君主。

郑昭公这个名字其实是个谥号，具体地说，是帝王将相死后得到的名号。郑昭公在位时臣民们称他为"陛下"，即位前则被称为"太子殿下"或"太子忽"。

如果说历史是行当齐全、情节跌宕的一出大戏，那么太子忽是以英俊小生的形象首次出场亮相的，时间是公元前 706 年，地点是在东方的齐国。

那一年，齐国受到了北方游牧民族狄人的侵扰，作为大国的齐国其实完全可以自己对付这个跳梁小丑，但齐僖公心中别有一番打算，于是就派使者向郑国求援。有称霸天下之心的郑庄公毫不犹豫地派太子忽率兵东来"抗狄援齐"。

太子忽不仅才貌双全，而且能文能武。在他的指挥下，齐郑联军三下五除二就把狄人的军队打了个落花流水、狼奔豕突。齐僖公亲自出城迎接凯旋的军队和远道而来的客人，在宫中摆下豪华丰盛的酒宴为太子忽一行接风洗尘，同时表示衷心的感谢。

酒席之上，齐僖公给了太子忽一个意外的"惊喜"，他提出齐郑联姻的想法，要把他最钟爱的小女儿文姜许给太子忽。齐僖公作此提议有两个原因，一来他真的非常喜欢人才出众、能力超群的太子忽，这个帅哥不会委屈了文姜；二来他深知自己的宝贝女儿再不出嫁就要给他捅大篓子、丢大人了，因为文姜和他同父异母的哥哥——太子诸儿的关系有些说不清。

如果太子忽应允了这门婚事，他就有了强大的齐国作为后盾，将来不管继位还是理政都会顺利得多。但太子忽是一个至真至纯的人，他不肯把爱情、婚姻作为政治游戏的附庸，况且他已经耳闻了文姜的不洁之行。

但是怎么样来回应齐僖公的善意呢？聪明的太子忽给出了一个近乎完美的答案。

太子忽对齐僖公深施一礼，非常真诚地说："多谢陛下一番美意，但每个人都有与之相应的配偶，齐国是大国，不宜做我的配偶。"这样的回答既表明了自己的态度，又照顾了对方的面子，有理有礼有节，令人竖大拇哥，大家熟知的成语"齐大非偶"就是从这儿来的。

关于"齐大非偶"的话语，太子忽并非说完就抛到脑后头去了，他是一个言行一致、言出必行的高尚君子。后来，他迎娶了和郑国相当的陈国的公主。被太子忽拒绝的文姜不久嫁给了鲁桓公，却和情人诸儿（后来继位成为齐襄公）藕断丝连，隔着国界线拉拉扯扯，最终二人合谋杀死了鲁桓公。

太子忽以自己的高洁、勇气和智慧使自己避免了死于奸夫淫妇之手的悲剧结局，但对于生在乱世的他来说，人生的天空依然难以摆脱命运的无情风雨。

公元前701年，郑庄公薨逝，太子忽在以祭足为首的大臣们的扶助下继位，从这时起，我们就可以称他为郑昭公了。也就是在这时，"齐大非偶"的后遗症出现了。

因为郑昭公没有像齐国那样的大诸侯国作为后盾，和他兄弟公子突关系特别铁的宋庄公向昭公发起了挑战。宋庄公是政治圈权力场的老手，他跟人格高尚的昭公玩起了阴谋。

宋庄公热情邀请郑昭公的一号大臣祭足访问宋国，刚刚继位的昭公期望和周围各国和平共处、友好往来，没有意识到难却盛情背后的险恶阴谋，于是，祭足带领访问团来到宋国。但是，他们一进入宋国都城内的馆驿就被早有准备的宋军控制起来了，接着传来宋庄公扬扬得意的大笑之声。宋庄公带着公子突大摇大摆走到祭足面前，直截了当地向他提出了一个要求——让郑昭公退位，扶公子突即位，并且许诺只要他肯合作，还可以继续做他的辅政大臣。

得到这个噩耗，郑昭公陷入了深深的痛苦。老臣祭足在他心目中就像父亲一样，是他非常尊敬和信赖的人，当初正是因为有了祭足的坚持，他才保住了太子之位。现在，祭足身陷敌国，面临危亡，他怎么能够不顾他的生死，坐在王位上无动于衷呢？再者，就眼前的形势来看，如果他不退位，宋国和郑国之间的一场恶战必将难以避免，郑国的百姓便会因为他和公子突的王位之争陷入惨痛的战乱，作为一国之君，他于心何忍？

最终，为了老臣祭足的安全，为了郑国百姓的安乐，郑昭公选择了退位，他带着妻儿去国离乡，到北方的卫国（一说鲁国）避难，这一去就是整整四年。

祭足是个能够忍辱负重而且有着深谋远略的大臣，他在不得已的情况下把公子突推上了王位，内心却始终是忠于郑昭公的，而且一直在找机会帮昭公复位。

公子突自然知道他和祭足的合作是宋庄公拉郎配的结果，他在祭足心中根本没有什么地位，所以总是想撇开祭足独自"闹革命"。但祭足德高望重，万众拥戴，公子突每次的图谋都偷鸡不成反蚀一把米，以失败告终。郁闷到抓狂的太子突花重金雇人刺杀祭足，结果阴谋败露，被迫灰头土脸地逃离郑国。

祭足这时已经争取到了齐国的支持，于是大张旗鼓地迎接郑昭公回国再次登基。郑昭公在一番磨难之后终于等到了拨云见日、苦尽甘来的日子。令人遗憾的是，他的苦难并未到此为止。

郑昭公和祭足在为复位欢欣鼓舞的时候，胸怀坦荡的他们忽视了一个不和谐因素——大将高渠弥。

郑昭公当年做太子的时候，曾经对郑庄公打算授予高渠弥大权表示过反对意见，高渠弥怀恨在心，把昭公当成了不共戴天的仇敌。郑昭公当初是抱着公心谏阻重用高渠弥的，并没有将那件事放在心上。但心胸褊狭的高渠弥在郑昭公回国复位后又恨又怕，惶恐不安，最终决定先下手为强。

心狠手辣的高渠弥很快一切准备停当，一场弑君的恶毒阴谋转瞬即发。

公元前 695 年的一天，郑昭公带领文武大臣到都城郊外打猎，正当他为"倾国随君王""千骑卷平冈"的恢宏场面深感欢欣鼓舞，准备一展身手，"会挽雕弓如满月"，亲自射杀狼虫虎豹时，一支罪恶的箭矢射中他的后心，夺走了他宝贵的生命……

如果某人心里阴暗，对一个不错的人充满敌意，我们通常会说他"以小人之心度君子之腹"，而郑昭公恰恰相反，他性格单纯，人品高尚，对谁都没有坏心眼，对小人也没有防备之心，正所谓"以君子之心度小人之腹"。假如他不涉政治，投身文艺，很可能会成为像陶渊明那样的大诗人或者像唐伯虎那样的大画家，无奈他生在帝王之家，无论如何也绕不开政治这道坎，不幸被别人的心机夺去了性命。

最后要说的是，玩火者必自焚。郑昭公被害后不久，高渠弥在一次国际会议上被齐国君主杀死，如果昭公地下有知，也可以含笑九泉了。

都是好色惹的祸

　　战国时代的齐宣王在接见儒学大师孟子时，曾经说过一句虽不高明但非常有名的话，那就是大家耳熟能详的那句"寡人有疾，寡人好色"。齐宣王虽然承认自己是好色之人，却并没有做出什么与"色"有关的荒唐事，真正因为好色而遗臭万年的是和他的老前辈齐桓公同时代的卫宣公。

　　大家都知道西部的秦国和晋国之间经常通婚交好，这才有了"秦晋之好"这个成语。无独有偶，东部的齐国和卫国也有着密切的姻亲关系，齐桓公的母亲就是卫国人，卫宣公的老爸卫庄公的正夫人庄姜则是齐国人。

　　正因为齐卫两国有着互相联姻的传统，卫宣公也给太子姬伋定了一门齐国的婚事，女方是齐僖公的女儿。

　　太子伋的母亲夷姜当时是卫宣公最宠爱的女人，但她最初的身份却是卫庄公的侧室。换句话说，她是卫宣公的"小妈"，卫宣公和她的夫妻关系属于乱伦。

　　夷姜当年做卫庄公侧室时，正夫人是来自齐国的庄姜。庄姜是天下有名的美女，《诗经》中的《硕人》这样描写她的美丽："手如柔荑，肤如凝脂，领如蝤蛴，齿如瓠犀，螓首蛾眉，巧笑倩兮，美目盼兮。"对于庄姜的美貌，夷姜自叹不如，对于儿子的齐国未婚妻，她则充满好奇。当她在儿子大婚前夕听说准儿媳已经来到卫国时，就向卫宣公提出要先见一见新娘子。

夷姜的要求正中卫宣公下怀，于是，两口子一拍即合，把新娘子宣入了后宫。

夷姜见到准儿媳什么反应，历史上没有记载，但卫宣公一见准儿媳就意乱情迷，神魂颠倒，进而就忘了人伦，"说而自取之，更为太子取他女"。为了讨美人高兴，卫宣公还真舍得投入，专门在河边建了一套漂亮的亭台楼阁让她居住，称为"新台"。

卫国的老百姓们听说了这个天大的丑闻，编了《新台》一诗予以讽刺，把卫宣公比喻成想吃天鹅肉的令人恶心的癞蛤蟆。从此，"新台"一词有了一层特别特的含义——比喻不正当的翁媳关系。

可能有读者会问：作为大国国王的齐僖公，在听说女儿被老公公霸占后就没有反应、没有行动吗？齐僖公自然会因此勃然大怒，意欲口诛笔伐，发兵征讨，但他很快就意识到女儿成为卫国第一夫人对于他和他的齐国明显是利大于弊的，也就将错就错，承认既成事实了。因为这样一来，卫宣公成了比齐僖公低一辈的女婿，齐僖公办起外交大事来便容易得多了。

从被公公霸占那天起，那位齐国美女在历史上有了自己的名字——宣姜。为什么叫宣姜呢？因为她姓姜（齐国的始祖就是大名鼎鼎的姜子牙），嫁给了卫国的宣公。顺便说一下，夷姜这个名字意味着主人姓姜，来自夷国，因为她不是正夫人，所以她的名字不能用老公卫宣公的"宣"字。

可怜的夷姜肯定连肠子都悔青了——看新娘这个要求不但让儿子丢了老婆，还让她自己失去了老公的爱，这何止是搬起石头砸了自己的脚呀，简直是要人命呀！

不幸的是，后来的事实确实如此，而且因此痛彻骨髓的不仅是夷姜，还有宣姜。

宣姜最初被卫宣公霸占时，心里自然是不乐意的，但后来在"嫁鸡随鸡，嫁狗随狗"的心理作用下，在"卫国第一夫人"光环的诱惑下，她慢慢地接受了她的"前老公公"做她老公这个事实，生下了孩子之后，就更死心塌地，一门心思地跟着卫宣公过日子了。

宣姜给卫宣公生了两个孩子，而且都是男孩，大的叫姬寿，小的叫姬朔。姬寿生性温柔仁厚，凡事谦恭礼让，和性格相似的太子姬伋成了无话不谈、情投意合的忘年交。而姬朔却是个争强好胜、阴险毒辣的主儿，一心想着挤掉两个哥哥，自己当太子做国王。

俗话说"爱屋及乌"，卫宣公不仅宠爱宣姜，对宣姜的两个儿子也是青睐有加，特别是"老来子"姬朔。

有了父王的宠爱，姬朔的野心日渐膨胀，心肠更加歹毒，最后竟然产生了杀兄夺位的念头。宣姜一直以为太子姬伋对自己当初委身卫宣公心存怨恨，害怕一旦宣公驾崩，继位的太子会对她和儿子展开报复，便同意了姬朔的恶毒计划。

在随后的日子里，宣姜和姬朔一番番地诬陷太子，忽悠宣公，卫宣公最终被他最宠爱的女人和儿子说服，答应帮他们母子除掉太子，以绝后患。

就在这时，齐国约卫国共同征讨纪国，卫宣公和姬朔从这事上看到了除去太子的"天赐良机"，一番深宫密谋之后，一个可怕的杀人计划出炉了。

于是，卫宣公派太子出使齐国商讨联合出兵事宜。

当卫宣公和姬朔利欲熏心、丧心病狂地发动杀人阴谋时，完全忽略了一个时常在他们身边却很少说话的人，这个人就是虽不言不语却善良勇敢的姬寿。

姬寿无意中得知了父王和弟弟的阴谋后，立刻告诉了正在准备行装的太子哥哥姬伋，太子这才知道原来这次出使是有去无回的死亡之旅，几个刺客正埋伏在卫国与齐国边界地带等着要他的性命。但是，太子却并没有逃亡的打算，一来父王的绝情让他绝望，二来整个卫国都在父王的掌控之下，他决定悲壮地手持白旄踏上人生最后的旅途。

姬寿眼见自己的话语不能挽救太子哥哥的生命，就做出了一个舍生取义、伟大神圣的决定。

太子临行之前，姬寿带着美酒佳肴到十里长亭为他送行。姬寿一次又一次地给太子敬酒，温言劝慰，深表别情，伤心欲绝的太子在不知不觉中醉倒亭中，沉沉睡去。生死离别之际，姬寿不禁痛彻心扉，泪流满面，他向睡梦中的太子哥哥深施一礼，然后拿起代表使者的白旄，骑上白马，代替太子向卫国边境奔去。

埋伏在太子出使齐国必经之路上的刺客看见手持白旄的人打马而来，便不分三七二十一冲出去杀害了善良勇敢的公子姬寿。高贵素雅的白旄染满了鲜血，从公子手里缓缓落地，在萧萧秋风中发出无奈凄凉、深沉悠远的一声叹息。

公子姬寿血还未冷，醒来后拼命紧追的太子姬伋已经打马赶到。一见弟弟已经血染黄沙，身首异处，太子百感交集，不能自已，浑身战栗，放声痛哭，他愤怒地质问刺客："君主命令你杀我，寿有什么罪呢？"铁石心肠、毫无人性的刺客却并不为所动，他们见杀错了人，便又一次举起罪恶的刀斧，夺走了太子高贵的生命。

卫国老百姓非常同情太子姬伋和公子姬寿的遭遇，他们创作了《二子乘舟》一诗表示深深的惋惜和美好的祝愿：

> 二子乘舟，泛泛其景。
> 愿言思子，中心养养。
> 二子乘舟，泛泛其逝。
> 愿言思子，不瑕有害。

姬寿的高尚之举和两个儿子的死亡对卫宣公造成了强烈的冲击，他追悔莫及，一病不起，不久就到那个世界找两个儿子认错赎罪去了。心狠手辣的姬朔虽然如愿以偿坐上了王位，但他杀兄夺位的恶行激起了卫国贵族和百姓的愤怒，很快被赶下王位，不得不带着他的老妈宣姜走上了逃亡之路。

楚成王：我要的其实不是熊掌

孟子曰："鱼我所欲也，熊掌亦我所欲也，二者不可得兼，舍鱼而取熊掌者也。"比孟子早了三百多年的楚成王虽然没有读过孟子的著作，却无师自通地领会了"舍鱼而取熊掌者也"的取舍之道，临死之前口口声声嚷着要吃熊掌。但是，如果用心听一听楚成王的故事，你会发现他真正想要的其实并不是熊掌。

楚成王生活在春秋时代，尽管没有荣幸地跻身"春秋五霸"之列，却与"五霸"中的"四霸"有着千丝万缕的联系。

先说一说楚成王和"春秋第一霸"齐桓公展开的南北争霸。齐桓公争霸天下的故事大家都非常熟悉，殊不知，当时就有一个人对此表示非常的不服，这个人就是楚成王。齐国位于北方，楚国地处南方，两国之间的你攻我伐堪称大周朝的南北争霸。争霸中前期，齐国稍占上风，齐桓公率领的齐、鲁、宋、陈等八国联军曾经兵临楚国边境，明智的楚成王不与齐桓公正面交锋，一方面派出使者成功化解了这场危机，一方面侧面出击向亲齐的江淮小国发起进攻。争霸后期，随着管仲和齐桓公相继去世，齐国力量日渐衰落，楚成王乘机占据了淮河中上游的大片土地，成了齐楚两强南北争霸中笑到了最后的胜利者。

再说一下楚成王和所谓"蠢猪似的争霸者"宋襄公之间的攻伐争斗。一代霸主齐桓公驾崩后，齐国陷入内乱，不自量力的宋襄公也想过一过霸主的瘾，实力远在其上的楚成王自然极为不屑，于是就成了"砸场子专业户"。公元前639年春，各国诸侯在鹿上召开"国际会议"，宋襄公以盟主之位自居，楚成王表示强烈不满，但因为准备不足没有采取行动。当年秋天，六国诸侯在盂地再次会盟，楚成王见宋襄公还是一副唯我独尊的样子，就一摔杯子，让早就埋伏好的楚国将士把宋襄公从大会现场直接押回了楚国。后来在鲁国国君的调停下，楚成王放回了宋襄公。再后来，宋襄公又因为称霸的事儿招惹楚成王，楚成王派兵在泓水大败宋襄公，为春秋时代的第二场争霸运动画上了句号。由此可见，虽说宋襄公被司马迁称为春秋第二霸，这个称号戴在楚成王头上才真正是实至名归。

接下来说一说楚成王与另一个真正的霸主晋文公之间的恩怨情仇。公元前637年，因受到迫害而逃出晋国的公子重耳（即后来的晋文公）在经过楚国去秦国时，楚成王按照迎接诸侯王的礼节招待了这位落难王子，并且赠送给他许多的金银财宝、车马绸缎。重耳非常感动，临别之际向楚成王许诺如果将来两国发生战争，晋军将退避三舍以报答楚成王的厚遇之恩。四年后，两国真的在城濮这个地方兵戎相见了。尽管晋文公信守诺言，命令晋军退后九十里，但楚成王的军队还是被晋文公的大军打败了。其实，楚成王对这次失败是有先见之明的，因为他认定晋文公是受上天眷顾的人物，不能与之争锋，但他手下的重臣成得臣坚持请战，结果害得成千上万楚军命丧沙场，自己也因为害怕被楚成王问责而自刎。

另一个与楚成王有着密切关系的霸主是楚庄王，实际上，后者是前者的亲孙子，但是，楚庄王很可能对楚成王这个爷爷没什么好印象，为什么会这样呢？故事要从楚成王的身世说起。

楚成王的父亲也是一个名气很大的楚王，就是那位劈开玉石得到了和氏璧的楚文王，当然也是灭掉息国抢走了大美女息夫人的楚文王。楚成王的母亲不是别人，正是被抢到楚国后被迫做了王妃的息夫人。

息夫人为楚文王生下了两个儿子，大的叫熊堵敖，小的叫熊恽。楚文王薨逝时，堵敖和恽兄弟两个都还是懵懂无知的幼儿，而且分别被不同的权臣所控制，堵敖背后是斗谷氏家族，恽的支持者则是子元一派。

史书记载，楚堵敖三年（前672年），堵敖想杀死弟弟熊恽，得到消息的熊恽连夜逃到了随国（今湖北随州西北）。熊恽在随国军队的拥戴下杀掉楚堵敖，自己登上了国君之位，他就是楚成王。但是，如果我们细细推算一下，就会知道想杀死弟弟的哥哥熊堵敖当时至多是个八岁的孩子，而杀死了哥哥的弟弟熊恽还要更小一些，在这种情况下，兄弟之间的生死决斗其实是楚国朝廷两个派系间的权力斗争。

楚成王是春秋时代在位时间特别长的君主之一，他公元前671

年即位，公元前 626 年离世，总计在位四十五年。就这一点来说，他老爸、他儿子都不如他。

和他老爸一样，楚成王也有两个在历史上留下名字的儿子，一个是熊商臣，一个是熊职。商臣是楚成王的后宫妻妾为他生下的第一个男丁，此后的很多年内，尽管楚成王努力耕耘，却没能收获更多的儿子。在别无选择的情况下，楚成王只好把眼睛像胡蜂、声音像豺狼、生性残忍的商臣立为太子。

后来，楚成王的另一个儿子熊职出生了，和商臣相比，这个儿子无论相貌还是性格都更符合楚成王的心意。结果，楚成王在继续让商臣做太子这个事上开始动摇了，他想废掉商臣的太子之位由熊职取而代之。

俗话说"没有不透风的墙"，楚成王准备换太子的消息很快传到了商臣耳中，对于后者来说，这绝对是天下第一噩耗。商臣又着急又害怕，像热锅上的蚂蚁、磨坊里的毛驴一般转个不停，最后，他派人请来了他的老师潘崇。

潘崇是一个足智多谋的臣子，在他的安排下，商臣在太子府设宴款待楚成王最信任的一个妹妹，也就是他的一个姑姑。宴会上商臣故意对姑姑做出一些不尊不敬的行动，终于，姑姑被激怒了，她手指着商臣说出了这样一句话："贱东西！难怪君王要杀掉你而立职为太子！"就是这句话让商臣铁下心来要先发制人夺取王位，于是，一场改写楚国历史的政变阴谋开始了。

政变发生的那一天，楚成王正在王宫深处等着享受一顿即将开席的熊掌盛宴，熊掌是他最喜欢的美食，虽然金光闪闪的铜鼎刚刚散发出若有若无的香味，楚成王却已经陶醉在大快朵颐的白日梦中了。正在这时，深宫外响起了兵戈相交的铮铮声，楚成王刚刚从梦中回过味来，就听到了宫城卫兵溃败退入宫中的叫喊声，这时他才知道原来是不甘心被废的儿子商臣向他发难了。

当商臣带领造反兵将冲到他老爸面前时，久经阵战的楚成王并没有惊慌失措，当听到儿子逼他自杀让出王位时，楚成王依然非常镇定，没有失去君王的尊严。他看了看不远处御厨里那座正烹煮着熊掌的大鼎，慢悠悠地对一脸杀气的儿子说："能不能先让孤王享用美味的熊掌，然后再照你说的做呀？"商臣明白他老爸是想借着煮熊掌和吃熊掌来拖延时间，以便有人前来营救，因此坚决不同意对方的要求，并且把刀剑横在了楚成王的脖颈上。

楚成王不愿血染王袍身首异处，最终他选择了三尺白绫自缢而亡，一代雄主就这样死在了自己儿子的手里。楚成王自尽后，商臣余怒未消，给老爸上谥号为充满贬损之意的"灵"，但楚成王竟然死不瞑目；直到商臣把贬义的"灵"改为褒义的"成"，楚成王的遗体这才闭上了眼睛，这正是：

孟子舍鱼取熊掌，

成王死恋熊掌香。

楚宫铜鼎水声沸，

熊掌已熟无人尝。

许穆夫人：挽救国家危亡的女诗人

公元前 660 年的一天，在许国通往卫国的大道上，几匹马正在飞奔前进。跑在最前面的马上坐着一个气质高贵、神情凝重的女子，她就是中国历史上第一位女诗人许穆夫人，随后的是她的几名侍女。

在许穆夫人一行刚刚经过的地方，十几匹马正在狂奔向前，骑在马上的都是许国的大臣。尽管他们快马加鞭，拼命追赶，但还是看不见许穆夫人的身影。

许穆夫人并不知道有人在追赶她们，这时萦绕在她脑际的只有她的故国卫国。但曾经风平浪静、鸟语花香的卫国，现在是兵荒马乱、生灵涂炭的卫国。

许穆夫人是卫国王室的女儿，不久前死于战乱的卫懿公是她的堂兄，而刚刚在危难之际即位的卫戴公是她的亲哥哥。忧国忧民的许穆夫人当初并不愿意嫁到许国来，她向往的地方是东方强大的齐国，因为她一直将自己的命运和卫国的前途紧紧联系在一起，希望通过联姻为卫国找到一个在关键时刻能够出手相助的盟国。然而，糊涂昏庸的卫惠公却理解不了或不想理解她的深谋远虑、良苦用心，最终还是把她嫁到了国力弱小的许国。

在许国的日子里，许穆夫人无时无刻不在怀念自己的故国，她常常把殷切的思念写入诗歌，流传下来的有两首：

一曰《竹竿》：

籊籊竹竿，以钓于淇。岂不尔思？远莫致之！泉源在左，淇水在右。女子有行，远兄弟父母。淇水在右，泉源在左。巧笑之瑳，佩玉之傩。淇水浟浟，桧楫松舟。驾言出游，以写我忧！

一曰《泉水》：

毖彼泉水，亦流于淇。有怀于卫，靡日不思。娈彼诸姬，聊与之谋。出宿于泲，饮饯于祢。女子有行，远父母兄弟，问我诸姑，遂及伯姊。出宿于干，饮饯于言。载脂载辖，还车言迈。遄臻于卫，不瑕有害？我思肥泉，兹之永叹。思须与漕，我心悠悠。驾言出游，以写我忧。

在《泉水》一诗中，许穆夫人写到了卫国的好多地方，其中的"漕"就是位于黄河南岸的漕邑（今河南省滑县），也是她此行的目的地，因为南逃躲避狄人进攻的卫国王室正蜗居在那个地方。

黄昏时分，漕邑城外，刚刚抵达的许穆夫人和出城迎接的卫戴公在卫国臣子、当地百姓和北来难民的簇拥下正要进城时，远处传来了许国大臣们的喊声："夫人——请——留步——"

就在许穆夫人转身回头的瞬间，许国大臣们的马已经来到了她的面前。

许国大臣们下马之后，一个年老的臣子带头走近一步，深深一揖，道："臣等奉许王陛下之命请夫人回许都！"

"我既然已经来了，暂时就不会回去了！"许穆夫人冷冷地说。

"先王之制曰：'国君夫人，父母在，则归宁。没，则使大夫宁于兄弟。'难道夫人不明白这个道理吗？"

"眼下正是卫国危急存亡之时，难道我不应该回来看看吗？你们回去吧，我现在必须留在这儿！"

许穆夫人说完，转身就要进城。

扑通！许国老臣忽然跪倒在地，他身后的许国大臣们也都跪了下去，他们异口同声地大声说道："请夫人回归许都，否则我们长跪不起！"

见此情景，许穆夫人脸上的表情由凝重转为了悲愤，她再也抑制不住内心的怒火狂燃："当初我决定救援卫国时，你们君臣就千方拦挡、万般阻挠。如今我不带许国一兵一将，只身归国，你们还要紧追不舍，苦苦相逼，这是不是太过分了！你回去转告许国君主，卫国一定能打败狄人，恢复故土，绝对不会让战火燃到国力弱小的许国境内，请他放宽心吧！"

当天夜里，许穆夫人就已经在和卫国君臣讨论抗敌复国之策了。

第二天，许穆夫人立刻行动起来，她招来百姓四千余人，一边安家谋生、发展生产，一边整军习武、进行训练，时刻准备着上阵杀敌，收复失地。

不幸的是，另一场灾难又降临到了卫国人身上，他们刚刚拥立的卫戴公病了，而且病得很严重。尽管许穆夫人和全国百姓都在为他们的君主祈祷祝福，卫戴公还是怀着满腔遗憾撒手人寰，永远离去了……

伤痛过后，许穆夫人和卫国大臣们从齐国迎回了她的另一个哥哥公子毁，这就是历史上的卫文公。卫文公不负众望，在许穆夫人的辅助下励精图治，轻徭薄税，为复兴卫国而辛勤工作，日夜操劳。他布衣帛冠，粗食菜羹，早起晚息，扶安百姓，得到了举国上下的钦佩和赞扬。

齐国之行给了许穆夫人一个新的思路，她意识到要想更快地光复卫国，可以借助别国，特别是像齐国这样的大国的力量。可是，怎样才能打动各国君主，使他们愿意出兵相助呢？

智慧过人的许穆夫人略一思索便计上心头了。

深夜，漕邑驿馆之内，暂居此处的许穆夫人正在酝酿诗作。想起当初自己归国时所经历的一番曲折，想起许国君臣胆小怕事、不敢出兵的丑陋嘴脸，想起壮志未酬身先死的哥哥卫戴公，想起正在遭受狄人铁蹄践踏的卫国百姓，我们的主人公不禁心潮澎湃，热血沸腾，于是，名扬后世的《载驰》一诗一气呵成：

载驰载驱，归唁卫侯。驱马悠悠，言至于漕。大夫跋涉，我心则忧。既不我嘉，不能旋反。视而不臧，我思不远。既不我嘉，不能旋济？视而不臧，我思不阂。

陟彼阿丘，言采其蝱。女子善怀，亦各有行。许人尤之，众稚且狂。我行其野，芃芃其麦。控于大邦，谁因谁极？大夫君子，无我有尤。百尔所思，不如我所之。

之后，许穆夫人以卫国公主、许国夫人的身份亲自走上了春秋之际的外交舞台。她千里迢迢，不辞辛劳地到各国访问，请求他们援助卫国，各国元首都被她的行动和诗歌感动，许诺会在关键时刻助卫国一臂之力。当她见到当时的中国第一人、春秋五霸之首的齐桓公时，齐桓公深深感佩于许穆夫人的坚毅精神和感人诗句，决定立刻出兵相助，扶卫攘夷。这既表现了齐桓公的胆略和魄力，同时也证明了许穆夫人年轻时在择偶上的眼光独到与精准。

齐桓公不但派自己的儿子无亏率士兵三千、战车三百辆前往卫国参战，而且还带去了牛、羊、猪、鸡、狗各三百。又以鱼轩相赠，兼三十匹绸缎，还有祭服和许多建筑材料。

其中的鱼轩是古代妇女乘坐的用鱼皮装饰的华贵车辆，应该是齐桓公特意送给许穆夫人的礼物。

宋、许等和卫国有姻亲关系的国家一见强大的齐国出兵助卫了，便也壮着胆子派兵参战。在多国部队的协同作战之下，狄人终于被打退，卫国的失地顺利收复了。从此，卫国出现了转机。两年后，卫国在楚丘（今河南省滑县卫南坡）重建都城，恢复了它在诸侯国中的地位，一直延续了四百多年，甚至到了秦始皇统一中国，改称皇帝之后仍然存在于豫北冀南的土地之上。

自然，这一切和许穆夫人为复兴卫国而不懈奔走是分不开的。

许穆夫人的《竹竿》《泉水》《载驰》等诗歌在当时即广为传诵，后来这三首诗被孔子收入《诗经》中，得以一直流传到今天。这些诗的字里行间充满着强烈的爱国主义思想感情，今天我们吟咏起来仍感震撼心扉，不忍释手。

一个王八引发的血案

《一个馒头引发的血案》是对陈凯歌作品的恶搞，《一个王八引发的血案》则是历史的真实写照。

春秋五霸中的楚庄王在位中期，北方郑国的郑穆公薨了，顺便说一下，天子死叫崩，诸侯死叫薨，他的儿子姬夷继位，这就是历史上的郑灵公。

当时的信息传递和物资运送的速度都比现在慢得多，所以，郑灵公继位是在公元前 606 年十月，楚庄王得到消息送来一只象征吉祥的大鼋（后世俗称"王八"）表示祝贺时，已经是公元前 605 年春天的事了。郑灵公身为小诸侯国的国君，对于收到当时的霸主赠送的礼物感到万分的荣幸，无上的荣光，并且决定邀请朝中的大夫们一起喝喝来自大楚国的王八汤，正所谓"君王吃肉臣喝汤，喝汤也得谢君王"。

这一边，郑灵公的御用大厨在王宫厨房忙活着宰杀那个作为吉祥物的可怜的大活王八；那一边，郑灵公手下的两个重臣公子宋和公子归生进宫来汇报国内外要闻了。就在二位公子等候郑灵公驾临听政时，公子宋右手的食指忽然大幅度地抖动了起来，他这个超级吃货不由得心花怒放，喜形于色，一边让公子归生看他大动的食指，一边无限神往地说："每次我的食指抖动，都会有特别的美味等我品尝，今天应该也不会例外。"

郑灵公坐定之后，公子宋和公子归生开始汇报，恰巧在这个时候，御厨来向郑灵公请示大王八烹制工程的进展情况："陛下，楚国送来的大鼋已经料理好了，什么时候下锅请您指示。"郑灵公吩咐完烹制楚国大王八的相关事宜，转过头来，意外地发现公子宋和公子归生正在相视而笑，便禁不住问是怎么回事。公子归生不敢隐瞒，把刚才发生的事都如实告诉了郑灵公。

郑灵公不相信公子宋有特异功能，他要用自己的方式向公子宋证明。

大家应该还记得商朝的 No.1 青铜器后母戊大方鼎吧？郑灵公的御厨烹制得热气腾腾、香味四溢的王八汤就是用这样的容器呈现在众大夫面前的。分汤的时刻到了，郑灵公让侍臣给每个大夫都盛上一份代表君王隆恩和臣子面子的王八汤，却唯独漏掉了早就渴盼着要品尝美食的公子宋。公子宋见郑灵公故意当众给他难堪，简直要气疯了，他不顾一切地冲向鼎器，伸出右手食指在王八汤里大大搅动一番，拼命似的吮吸几口，然后气势汹汹地拂袖而去。这下轮到郑灵公发疯了，一则公子宋冒犯了君主的尊严，二则好好的一鼎王八汤都让公子宋这块"臭肉"给弄脏了。郑灵公怒发冲冠，扯着嗓子向群臣声明："寡人不杀公子宋，寡人就不姓姬！"

公子宋也不是吃闲饭的，他是郑国位高权重的大臣，而且和强大的晋国有着非常亲密的关系，在听说郑灵公对他的脑袋特别感兴趣后，就秉持着"先下手为强，后下手遭殃"的精神决定先发制人，当天深夜就带领着他的大批铁杆粉丝发动了政变，包围了王宫，结果正在为剩下的那锅王八汤犯愁的郑灵公像那只可怜的楚国大鼋一样被砍掉了脑袋，一场有点儿过了的恶作剧让这个继位不到半年的新国君付出了生命的惨重代价。

在小说《东周列国志》里，弑君的公子宋"恶有恶报"，最后被灭门了。但这样的结果并不见于历史的记载，因为小说往往是靠道德说话的，但历史最终是靠实力说话的。郑灵公为君、公子宋为臣的时代，郑国已经出现了君弱臣强的局面，其后郑国历史的发展和晋国、齐国的历史进程充分证明了这一点。可见，放狠话也是需要有实力的，否则就会像郑灵公一样因为一时痛快而招来杀身之祸。

清明说子推

清明时节，很自然地就会想起与之密切相关的一个历史人物——介子推。想起介子推，就会陷入一种复杂的心情里。

介子推是春秋中期的晋国人，早年追随因受迫害而流亡国外十九年的公子重耳（即后来的晋文公）。流亡期间，重耳风餐露宿，历尽艰辛，有时竟处于饥寒交迫、钱尽粮绝的窘境，于是不得不挖野菜、讨饭吃。一次，重耳在以野菜充饥时，悲从中来地慨叹好长时间没有吃过肉了，几乎都忘了肉的滋味。说者无心，听者有意，当时恰好在重耳身边的介子推怀着一颗愚忠之心，从自己的腿上割下一块肉，做了一碗肉汤，亲手捧给了重耳。喝下肉汤的重耳很快知道了真相，虽然感觉不舒服，但他还是非常感激这个臣子。

公元前636年，重耳在秦穆公的重兵护送下回到晋国，登上了王位，这就是历史上鼎鼎大名的春秋五霸之一的晋文公。晋文公即位之初，对随从流亡、有功于复国的臣僚论功行赏，但是并没有封赏那些在生活上服侍照顾他的人，当然也就没有赏赐曾经"割股侍君"的介子推。

有一些人坐不住了，比如一直负责晋文公生活起居的壶叔，就去自言功劳领取赏赐。介子推不愿主动求赏，而且对那些邀功请赏者颇为不屑，并且发出了这样的感慨："上天无意灭绝晋国，扶持公子重耳登上王位完全是上天的旨意，而有的人却以为是靠了自己的力量，这难道不是欺骗吗？偷窃别人钱财，被说成是盗贼，更何况把上天的功劳据为己有呢？下面的人把自己的欺骗当作符合道德的行为，上面的人又对其给予奖赏，上下相互欺骗，我难与他们相处啊！"总而言之一句话，他觉得"举世皆浊我独清"了。此言一出，不仅堵死了自己获得封赏的道路，而且将自己推进了隐居之门。

　　"得即高歌失即休"，在成为被晋文公遗忘的角落之后，万念俱灰、失望透顶的介子推不得不负气带着老母亲悲壮地躲进绵山隐居起来。介子推的言论不久传到了晋文公的耳中，晋文公这才想起了那碗特殊的肉汤，想起了那个特别的厨师兼服务生，同时他肯定对介子推不负责任的言论感到些许不快。于是，他采取了和介子推的"割股侍君"一样决绝的做法——放火烧山，想用熊熊烈火把自命清高的介子推从绵山之中逼出来。

　　结果很悲惨，死要面子的介子推和他那苦命的老母双双殒命在大火之中。晋文公后悔了，于是就有了纪念介子推的寒食和清明节。两千六百年前的忠臣义士介子推，其心可嘉，其行可叹！

柳下惠:"坐怀不乱"之外的故事

柳下惠"坐怀不乱"的故事,中国人大概都略知一二,但关于柳下惠这个人,大家却未必了解。

柳下惠其实并不姓柳,而是姓展,名获,字禽,他出身贵族,乃春秋时代鲁孝公的儿子公子展的后裔。他之所以被后人称为"柳下惠",是因为他的食邑在柳下这个地方,他的谥号为"惠"。

那么,柳下惠究竟是怎样的一个人呢?

正直勇敢的柳下惠

据《国语·鲁语》记载,公元前631年夏,齐孝公带兵攻打鲁国,鲁国权臣臧文仲向善于措辞的柳下惠请教退兵之计,柳下惠直言不讳地说:"我听说大国如果做好小国的榜样,小国如果好好侍奉大国,这样就能防止战争祸乱。现在,鲁国作为小国却狂妄自大,触怒大国,这无异于自招其祸,自取灭亡,怎么措辞都是没有用的。"

柳下惠如此直言不讳地批评臧氏在鲁国的乱政行为,不仅需要正直的品德,更需要无畏的勇气。

机智退敌的柳下惠

柳下惠有一个弟弟叫展喜，在鲁国担任大夫。

齐孝公领兵伐鲁，鲁僖公派展喜去前线犒军迎敌。弟弟临行之前，柳下惠为他送行并授以退敌方略。

展喜到前线后，依计而行，孤身一人到齐营去见齐孝公。

齐孝公问："我齐国大军压境，你们鲁国君臣害怕了吧？"展喜笑答："小人才会害怕呢，君子是不会害怕的！"孝公不解，追问原因，展喜说："凭先王之命。当初鲁之始封国君周公和齐之始封国君姜太公曾共同辅佐周成王，成王曾赐以盟书，令齐鲁两国世代修睦敦好，不可互相残杀。现在盟约仍然藏在内府，载于史书，每当新君即位都要郑重宣誓永志不忘。你才即位几天，怎么竟把这事抛在了脑后？"

齐孝公自知理亏，无言以对，只好撤兵。柳下惠的机智措辞就这样轻而易举地退掉了齐国的千军万马。

诚实做人的柳下惠

齐国的国君派人向鲁国索要传世之宝岑鼎。鲁庄公自然舍不得，却又不敢得罪实力强大的齐国，就决定用一个假鼎糊弄一下。

齐国使者见了鼎之后，说："我们不相信你们，只相信以诚实正直闻名天下的柳下惠。只有他说这个鼎是真的，我们才放心。"鲁庄公只好派人去求柳下惠过来撒一个谎，柳下惠说："信誉是我一生最大的珍宝，我如果说假话，那就是自毁珍宝。以毁掉我的珍宝为代价来保住你的珍宝，这样的事我怎么会做？"鲁庄公没有办法，只得把真鼎送往齐国。

有人可能会说柳下惠此举不够爱国，过于迂腐，其实并非如此，因为他深知如果自己撒谎欺骗齐国使者，强大无礼的齐国就会借此发动战争，那样，遭受损失的就不是鲁庄公，而是鲁国老百姓了。

四起四落的柳下惠

柳下惠有着"四起四落"的曲折仕途。从公元前 693 年到前 672 年，柳下惠先后四次担任掌管刑罚狱讼的士师一职，却又四次因为生性耿直，不事逢迎，得罪权贵，而被黜免。一百多年后的孔子在谈起这件事时犹心潮翻涌，为之不平。

柳下惠虽然在鲁国屡遭打击排挤，但他的道德学问名满天下，各国诸侯都争着以高官厚禄请他到自己的国家任职，但都被他一一拒绝了。有人问他原因，他回答说："我在鲁国之所以屡被黜免，是因为坚持了做人的原则。如果一直坚持下去，到了哪里也难免遭遇被黜免的结果；如果放弃做人的原则，在鲁国也可以得到高官厚禄，那又何必离开生我养我的故乡呢？"

桃李满园的柳下惠

我们都知道孔子是中国历史上最伟大的教育家，但他并不是最早的，因为比他早一百多年的柳下惠也是一位了不起的教育家。

柳下惠第四次因为刚直不阿而被权臣罢黜之后，就决定再也不踏入那令人失望的官场了，他在家乡开馆讲学，教授门人了。大家知道柳下惠既有高深的学问，又有高尚的品德，所以都争先恐后地赶来跟着他求学。于是，柳下惠作为老师的名声越来越响，以至于"从游者逾众，担簦负笈而来者不下百余人"。

百岁和圣柳下惠

民间有这样一句俗话："七十三，八十四，阎王不叫自己去。"为什么这么说呢？因为孔子活了七十三岁，孟子活了八十四岁。孔、孟两位圣人在古代都算长寿之人，但和柳下惠老先生相比，他们还是差了一大截，柳老前辈生于公元前720年，卒于公元前621年，论虚岁整整活了一百岁。

柳下惠为什么能得以长寿呢？

据《孟子》记载，柳下惠不因君主昏庸而感到羞耻，不因官职卑微而辞官不做；身居高位不忘推举贤能，被遗民间心中也没怨气；身处贫穷困顿时不忧愁，与乡民相处时也觉得很愉快；无论和什么样的人相处，都能保持住自我，不受不良环境影响。因此，人们听说了柳下惠为人处世的气度，心胸狭隘的会变得宽容大度，严苛刻薄的会变得老实厚道。

柳下惠一生都致力于用道德礼仪来规范社会秩序，促进社会和谐，深受孔孟推崇，孟子不仅把柳下惠和之前的伊尹、伯夷，之后的孔子并称为四大圣人，还特意尊其为"和圣"，和"至圣"孔子并称。

孔子和晏子之间的恩怨纠葛

晏子（公元前 578 年—前 500 年）是春秋后期重要的政治家、思想家和外交家；孔子（公元前 551 年—前 479 年）则是春秋末期伟大的思想家、教育家和政治家。晏子和孔子之间虽然有二十多岁的年龄差，但他们的确曾经同时活跃在齐鲁两国的政治舞台上。

其实，当晏子遇上孔子，即使他们什么话也不说，那场面也万分精彩，十足雷人。据《史记》记载，孔子"长九尺六寸，人皆谓之长人而异之"，这个身高约合现在的一米九多，而晏子"长不满六尺"，最多也就一米四的样子，这样两个人站在一起，肯定会让观者感叹造物之神奇，世界之多元。

晏子和孔子第一次碰面应该是在公元前 521 年。

当时，身为齐国丞相的晏子陪同齐景公一起到鲁国访问，孔子作为鲁昭公的重臣出席了这次元首会面。其间，齐景公向孔子请教"国小处辟"的秦穆公能够称霸的原因，孔子的回答是"国虽小，其志大；处虽辟，行中正"，晏子应该认可孔子的说法，否则善辩的他不会放过这一向外国君臣展示口才的机会。

五年之后，鲁国大乱，孔子被迫到齐国去当了高昭子的家臣，期待着以此作为跳板来与齐景公交往，从而完成自己"治国平天下"的伟大理想。"闻《韶乐》而三月不知肉味"就发生在这个时期。

齐景公对孔子仍然保持着先前的兴趣，曾经两次向他问政。第一次孔子说了"君君臣臣，父父子子"那番话，第二次孔子提出了"政在节财"的理论，齐景公听了都非常高兴，就打算给孔子以封赏，这时，晏子说话了。

晏子的口才果然不同一般，一口气指出了孔子的四个"不可"：一是"滑稽而不可规法"；二是"倨傲自顺，不可以为下"；三是"崇丧遂哀，破产厚葬，不可以为俗"；四是"游说乞贷，不可以为国"。这四条虽然并非句句真理，但大多言之成理。

在这四个"不可"之后，晏子还着重批评了孔子的"礼"，他说如果这样烦琐地规定尊卑上下的礼仪、举手投足的节度，花上一年的时间也学不完孔子所提倡的礼乐，学上一辈子也搞不清楚其中的那些所谓学问。用这一套理论来改造齐国的习俗，引导齐国的百姓，不是一个明智的选择。

最后，齐景公认可了晏子的说法，就对孔子只是以厚礼相待而不加以册封，会见孔子时只表示尊敬而不向他请教，孔子在追求理想的路上又一次碰了壁，只好找个合适的机会返回了鲁国。

孔子和晏子的第三次见面不但充满火药味，而且弥漫着血腥之气。这次见面时间应在公元前 500 年左右，孔子五十出头，到了知天命之年，而晏子已经年近耄耋，垂垂老矣。会面的地点是在齐国王宫的大殿之上。

当时，孔子是作为鲁国大使光临齐国的，同时在鲁国担仕着要职，而且取得了煌煌政绩，所以派头自然和上次来齐国避难不可同日而语。齐景公对此时的孔子尊敬有加，更加信服，结果孔子的一句"匹夫而营惑诸侯者罪当诛"就让"为戏而前"的"优倡侏儒"被"有司加法"而"手足异处"了。我们不能妄自揣测圣人之心，断定孔子此举有针对晏子（别忘了晏宰相也是个侏儒）的意思，但晏子确实在之后不久就去世了，不知是自然死亡，还是被孔子气死的。

晏子死后，孔子给予了他很高的评价，说："救民百姓而不夸，行补三君而不有，晏子果君子也。"还说"晏平仲善与人交，久而敬之"（晏平仲之"平"是晏子的谥号）。

孔子虽然整体上高度评价了晏子，但在评论晏子的某些具体行政作为时却毫不留情。

话说晏子有一年冬天经过一条河，发现老百姓在冰冷刺骨的河水里赤脚涉水过河，于是用自己的车将等待过河的老百姓一一载了过去。老百姓对晏子这种爱民如子的做法自是感激涕零，并且口口相传、大为赞颂，晏子在齐国老百姓心中的形象也变得更加高大。第二年，晏子又经过那条河，过河的情景一如一年之前，晏子的作为和老百姓的反应也一如一年之前。不同时间同一地点的同一个行为却为晏子赚得了成倍增长的拥护和爱戴。

这时，孔子站出来发表评论了，他指出晏子第一次的行为是可贵的，第二次就是沽名钓誉、愚弄百姓了。因为孔子认为，作为齐国的宰相，一年之后晏子应该已经在那条河上修好了一座桥，让老百姓可以平安通过，并且再也不去想是谁的恩德，而晏子的这种重复的小善举不过是妇人之仁，小恩小惠，对广大老百姓的日常生活于事无补，只是为他自己赢得了作为宰相个人不应该再获得的名利。

孔子是个圣人，晏子是位名相，可是他们二人之间的相处却总是不那么融洽，这大概只能用那句话来解释了——"道不同，不相为谋"。

"人不可貌相，海水不可斗量"是中国人挂在嘴边的一句古语，那么，这句话里那个"不可貌相"的人是谁呢？

这个人复姓澹台，名灭明，不过他可不是武侠迷们熟悉的《萍踪侠影录》中的那个武将，他这个真实的澹台比那个虚构的澹台足足要早一千九百多年呢。

澹台灭明是春秋末期的鲁国武城（今山东费县，一说在今山东武城）人，比大圣人孔子晚生三十九年。他天生异相，面貌丑陋，据说长得"额低口窄，鼻梁低矮，不具大器形貌"，所以，当他去拜孔子为师时，孔子虽然为了信守自己"有教无类"的理念没有拒绝他，却总对他爱答不理，让人家坐冷板凳。澹台灭明对孔夫子以貌取人的态度颇为失望，毅然决然离开孔子，开始了漫长刻苦的自学历程。

以貌取人的孔子没把"恐龙男"澹台灭明当回事儿，他非常喜爱的弟子子游（即言偃）却对澹台灭明颇为欣赏。子游从武城宰任上回到曲阜看望孔子时，孔子问他："你在那里得到什么人才了吗？"子游借机赞美了澹台灭明的高尚品格："有澹台灭明者，行不由径，非公事，未尝至于偃之室也。"用现代话说，就是"做事从不投机取巧走捷径，没有公事从来不到我屋里来"。但固执的孔子依然不为所动。

澹台灭明自学成才后，独辟蹊径，南下吴楚游历讲学。

澹台灭明虽相貌丑陋，却胸怀宽广，他并没有因为在孔门受到冷遇而对孔子怀恨在心，而是仍以孔子为师，积极传播儒家学说。他不但像孔子那样释《春秋》，习"六艺"，教授修身、齐家、治国、平天下的道理，而且在教学中提倡孔子提出的"诲人不倦""有教无类"的态度，"学而不厌""不耻下问"的风气，"学而时习之""温故而知新"的方法，等等。

知识渊博、道德高尚的澹台灭明在江南地区受到了人们的爱戴，当地跟从他学习的有三百多人。他在几十年内为江南地区培养了一批又一批的好学生，他的名气也传遍了当时的各个诸侯国。孔子听到这些消息，幡然悔悟，不胜感慨：以容取人乎，失之子羽（澹台灭明字子羽）；以言取人乎，失之宰予（凭长相判断人，看错了子羽；凭语言判断人，看错了宰予）。

澹台灭明后来在他聚徒讲学的南昌百花洲畔去世，当地人民千百年来一直在纪念缅怀这位积极传播儒家文化的先贤——南昌城内有进贤门，东南有进贤县，进贤县有栖贤山，都是因澹台灭明而得名的。

　　澹台灭明曾因相貌丑陋而被孔子所轻，但他最终凭借自己取得的突出成绩获得了老师的认可，而且在孔门七十二贤中名列前茅。

大冉、小冉和老冉

众所周知，孔子的弟子中涌现了七十二贤人，但七十二贤人中有四科十哲，即十大弟子，却鲜为人知。

孔子的十大弟子是他认为最优秀、感到最满意的十位学生，分别是颜回、闵子骞、伯牛、仲弓、子有、子贡、子路、子我、子游和子夏。他们有的品行高尚，比如颜回、闵子骞、伯牛、仲弓；有的才华横溢，比如子游、子夏；有的能言善辩，比如子我、子贡；有的理政有方，比如子有、子路。

孔门十哲中，我们最熟悉的应该是颜回、闵子骞、子贡和子路。需要说明的是，颜回的确姓颜，闵子骞也确实姓闵，但子贡和子路却分别姓端木（复姓）和仲，子贡和子路是他们的字，同样，子我、子游、子夏也是字，而非名姓，他们各自以宰、言、卜为姓，剩下的伯牛、仲弓、子有则拥有同一个姓氏，他们就是本文的主人公——冉家三兄弟。

伯牛姓冉，名耕，字伯牛，出身贫寒，鲁国人。冉耕只比孔子小七岁，是孔子最早期的弟子之一。孔子在鲁国做大司寇，代理国相事务时,曾任命他为中都(今山东汶上西)宰。后来孔子周游列国,冉耕始终相随。孔子和他的弟子们在陈蔡之间曾经陷入困境,甚至连粮食都断绝了,许多人饿病了,打不起精神来,而孔子照样讲他的学,朗诵他的诗,弹他的琴,唱他的歌。弟子们当中有一个人与孔子一样弹咏不辍,就是冉耕,所以孟子赞颂他"具体而微"——具有圣人的全体,只是规模未广大,也就是说,冉耕是个"小孔子"。

遗憾的是,孔子周游列国返鲁后不久,冉耕得了"恶疾",从此一病不起,先孔子而死。让冉耕致命的恶疾到底是什么病呢?《淮南子精神训》上说是"厉",也就是"癞",即现代人熟知的麻风病。

相传孔子去探望冉耕时,冉耕的家人为了表示恭敬,把他移到南窗下,好让孔子进门后可以坐北朝南。孔子不敢当,就没有进屋去,他从窗口握着冉耕的手,伤心而惋惜地感叹说:"他没有生这种病的道理呀!这是命中注定的吗?这样的人,却有这样的病!这样的人,却有这样的病!"

仲弓,姓冉,名雍,字仲弓,和伯牛同宗,而且都来自贫寒之家,都以德行著称。

虽然冉雍名列德行科,老师孔子对他的从政能力却有着非常高的评价,曾曰"雍也可使南面",认为他适合执政牧民,这大概是因为他主张"以德化民""居敬行简",很符合孔子对于高级公务员的要求。冉雍曾做过三个月的季氏私邑长官,可惜季氏虽"待以礼貌",却"谏不能尽行,言不能尽听",令冉雍大失所望。于是,冉雍便辞官回到了孔子身边,陪着老师读经诵书,周游列国,一直到老。

孔子非常感动于冉雍的相知相守，临终前又一次当着众弟子发出了对他的赞美："贤哉，雍也，过人远也。"因为孔子先后两次高度评价冉雍，所以冉雍在后人心目中地位颇高，荀子甚至将他与孔子相提并论。

冉雍最大的贡献是在孔子去世后和闵子骞等，"恐失圣道之传"，共著《论语》一百二十篇，正是有了他们的辛勤记录，我们才知道了日常生活中的孔子究竟是个什么样子。

子有，姓冉，名求，字子有，是冉氏三兄弟中年纪最轻的，比孔子足足小了二十九岁。

冉求是以多才多艺而著称的，而且他的才艺应该不是一般的出众，而是超级出众，如果参加达人秀肯定能拿冠军，孔子的话语可以为证。有一次，子路问孔子怎样才算是一个完备的人。孔子回答说："要有臧武仲的智慧，孟公绰的克制，及卞庄子的勇敢，再加上冉求的才能、技艺以及礼乐的陶冶，也就可以算是一个人格完备的人了。"冉求的才艺有多么出色，想必聪明的您已经明了了吧？

冉求固然多才多艺，但他也有自己的缺点，就是做事迟缓，犹豫不决。十大弟子中和他并列政事科的子路则完全相反，性如烈火，斩钉截铁。最善于因材施教的孔子对这两个爱徒采用了迥然不同的教导方式。比如说同样一件合乎礼义的事，孔子对子路说要先请教父兄才可以去做，对冉求却说听到了就要马上去做。

冉求的才能引起了鲁国权臣季康子的注意，于是，他便找了个机会问孔子说："冉有可以从事政治吗？"孔子非常自豪地回答他说：

"求也艺，于从政乎何有？"用现在的话说，就是冉求多才多艺，对于办政治有什么困难呢？于是，冉求成了季康子的家臣。

孔子原本希望冉求能够劝谏季康子，减低人民赋税，推行他的仁政理想。但多才多艺的冉求在政治手段上和季康子相比明显处于下风，不仅没有改变对方，反倒被对方利用了，在进行田赋改革时不由自主地成了替他搜刮百姓的工具。这下孔子急了，把徒弟们召集起来说："季氏富于周公，而求也为之聚敛而附益之，非吾徒也。小子鸣鼓而攻之可也。"看起来孔圣人好像对冉求大失所望，怒发冲冠，实际上他老人家醉翁之意不在酒，是在借着冉求这个幌子来批判专权伤民的季康子。

虽然冉求没能完成老师施行仁政的愿望，但他还是做了两件意义非常重大的事情——公元前487年，冉求身先士卒，率左师抵抗入侵鲁国的齐军，以步兵执长矛的突击战术取得了最后的胜利。三年后，冉求说服季康子迎回了流亡国外十四年的孔子，使老师得以在安定的环境中整理《诗经》《尚书》，编写史书《春秋》，为后世留下了一笔宝贵而丰富的文化遗产。

冉姓并非大姓，却能凭借冉耕、冉雍、冉求在孔圣人的十大弟子中占据了三席之位，这是冉姓子孙的自豪和骄傲，也是中国文化史上一段流芳百世的趣闻佳话。

那个让孔圣人又爱又恨的人

　　卫灵公在历史上虽然不是大名鼎鼎的人物，关于他的八卦传闻却是相当的丰富，比如贪淫好色，猜忌多疑，刚愎自用，而且还涉及到了同性恋的敏感话题。但其实卫灵公并不像人们想象中的那么糟糕，甚至还很可能是个难得一见的明君。

　　卫灵公最早引起后人关注是因为大圣人孔子对他给予了高度评价。据《论语》记载，有一天，鲁哀公问孔子："当今之君，孰为最贤？"很明显，他是想让孔子颂扬他几句。但孔子却不知趣地说："最贤的我还没见过，相比之下应该是卫灵公吧？"孔子的回答尽管不能让鲁哀公满意，但应该是他的真心话。也就是说，在孔子心目中，卫灵公是当时最贤明的君主。

　　孔子之所以认为卫灵公"最贤"，主要原因是卫灵公知人善任，礼贤下士。他当时举了四个例子来证明自己的论断：其一是渠牟，即传说中的弥子瑕，渠牟是卫国的将军，智信兼备，灵公"爱而任之"；其二是"见贤必进"的名士林国，灵公"贤而尊之"；其三是庆足，此人"有大事则起而治之，无事则退而容贤"，可谓"是真名士自风流"，灵公"悦而敬之"；其四是史苟，史苟担任国相时因和另一国相孔圉政见不合而离开卫国，卫灵公就禁绝声色，在荒郊野外住了三天，一直等到史苟归来才肯回宫。

孔子后来因政见不合跟鲁哀公和专权的"三桓"发生了矛盾，于是，就抱着"此处不留爷，自有留爷处"的心情离开鲁国，前往卫国拜访他心目中的"最贤"君主卫灵公。

政界和教育界的双料名人孔子的到来令卫灵公深感欢欣鼓舞，他为孔子举行了隆重而热烈的欢迎仪式，还按照卫国的俸禄标准送给孔子"俸粟六万"，要知道，这在当时可是部级待遇。

在孔子刚刚驾临卫国的那几天里，卫灵公简直是太兴奋了，回到后宫时也会不由自主地哼起歌来。

卫灵公对孔子礼遇有加，孔子完全可以靠着自己的声望在卫国优哉优哉地待下去，但孔子可不愿做一个"吃空饷"的人，他想在卫国实践自己"周礼治国"的政治理想，为卫国的振兴强大出一份力、发一分光，实现自己的人生价值。可是，卫灵公好像只是将孔子待为一个自远方来的尊贵客人，对他宣扬的政治主张并不感冒，根本没有让其参与卫国政治事务的想法。

为什么卫灵公对孔子的治国理论不屑一顾呢？因为他对治理国家有足够的自信。

知人善任的卫灵公凭借一双慧眼和满腔信任在自己身边聚集了一批能力超群、各有所长的文臣武将，可谓群星璀璨，人才济济。其中的佼佼者，除了上面提到的弥子瑕、林国、庆足、史苟，还有仲叔圉、祝鲍、王孙贾、蘧公孙等人。

仲叔圉就是因"敏而好学,不耻下问"而被尊为孔文子的孔圉,他是位优秀的外交家,善于处理诸侯关系,为卫国的发展创造了一个和平的"国际"环境;祝鲍是个管理内政的高手,在他的治理下,卫国境内大小官员各尽其职,黎民百姓安居乐业,上下一片和谐气象;王孙贾是个军事天才,在他的率领下,卫国军队所向披靡,战无不胜,令国内外的敌对势力闻风丧胆,不敢造次。

如果有新闻记者向卫灵公请教治国之道,卫灵公肯定会像汉高祖刘邦一样说出这样一番充满自信而意味深长的话语:"治宾客,吾不如仲叔圉;治宗庙,吾不如祝鲍;治军旅,吾不如王孙贾。此三者,皆人杰也,吾能用之,此吾所以高枕无忧也。"

一心要修齐治平的孔子眼见得卫国形势一片大好,自己却不能一展身手去实现他"周礼治国"的远大理想,心里一天比一天郁闷。就在这时,卫国百姓的起哄事件成了导致孔子离开卫国的最后一根稻草。

一天,卫灵公邀请孔子出游,孔子以为实现理想的机会来了,便欣然前往。谁知卫灵公并没想和孔子深谈治国之道,他只是让孔子来作陪的,而且没有按照礼节让作为客人的孔子和他同车。看着卫灵公揽着美人南子乘车行在前面,独自待在后面车上的孔子心中非常不是滋味。

卫灵公的车队走过街市的时候,有人忽然唱起歌来:"同车者色耶?从车者德耶?"本来就心情不爽的孔子听到这首歌深受打击,丢下一句"吾未见好德如好色者也",便收拾包袱行李离开了他曾经心仪不已的卫国。

孔子在离开卫国时应该曾经有过这样的期待——卫灵公知道他不辞而别的消息时，肠子都悔青了，一方面立刻派人去追，一方面像等待史苟一样到郊外去延颈企盼孔子的归来。然而，卫灵公并没有按照孔子想象的戏份去演，孔子很失望，后果很严重——没有得到卫灵公重用的孔子因一时激愤将这位君主归入了无道君主之列，而且被他的弟子们记录在了《论语》中。于是，卫灵公被作为无道昏君的典型钉在了历史的耻辱柱上。

卫灵公的悲剧并没有到此为止。

孔子离世二百多年后，儒家弟子出身的韩非子在写寓言故事时，顺手拈来无道的卫灵公和他最信任的弥子瑕，将他俩编排成了中国第一对同性恋，这才有了后世熟知的"分桃"典故——卫灵公和他宠爱的臣子弥子瑕一起在桃园游玩，弥子瑕吃到一个很甜的桃子，便自己吃了一半，将另一半留给卫灵公品尝，卫灵公非常感动地说："你们看弥子瑕是多么爱我呀！把他最爱吃的桃子让给我吃。"等到弥子瑕"美男迟暮"时，卫灵公对他的宠爱淡薄了，说起当年那件事来，就变了口风："这个弥子瑕真是可恶！竟然让我吃他剩下的桃子！"

"分桃"的故事固然精妙，但是，寓言里的故事怎么能够当真呢？不管韩非子是有意为之还是无心插柳，客观上他都为先师孔子又一次报了当年的"一箭之仇"。如果卫灵公地下有知，他肯定会无奈地一摊双手，长叹一声："孔老二真是伤不起呀！"

都是一块肉惹的祸

孔子周游列国是众所周知的事情，但如果说孔子周游列国是因为一块肉，想必绝大多数人都会认为此乃信口开河的无稽之谈，然而这却是毋庸置疑、无可辩驳的事实。

公元前499年，已过知天命之年的孔子被鲁定公拜为大司寇并摄相事，这就相当于代理总理之职的司法部长，毫无疑问是一个举足轻重、肩负重任的位子。孔子是"食君之禄，忠君之事""即在其位，必谋其政"的坚定不移的践行者，他从鲁定公手中接过相印那一天起，就下定决心要为国君除残去秽，为百姓息战造福，同时恢复周公礼制，实现天下为公。

身为代国相的孔子按理说只需要向鲁定公汇报工作，但实际上情况远远没有这么简单，因为在当时的鲁国，国君和国相之间还有着一个特殊的"三桓"阶层。所谓"三桓"就是鲁桓公的三个儿子各自形成的大家族孟孙氏、叔孙氏和季孙氏，他们的权力甚至超过了鲁定公。

俗话说，螳螂捕蝉，黄雀在后，季桓子为首的"三桓"觊觎着鲁定公的江山社稷，"三桓"的家臣们则正对"三桓"的财富地位虎视眈眈，其中最著名的就是那个和孔子长得很像的阳虎。

阳虎本来是季孙氏的家臣，趁着主人季桓子还未成年这个机会掌握了季孙氏的政治权力，并且和叔孙氏家族的受排挤者暗中结成了一股不小的政治势力。

公元前502年，阳虎等人发动了政变，他们挟持了季桓子和叔孙州仇（叔孙氏掌门人），向孟孙氏家族发起了进攻，企图政变得逞后坐地分赃，对"三桓"的既得利益进行重新洗牌。因为孟孙氏的掌门人孟懿子早就开始提防阳虎这个危险分子了，结果阳虎等人的政变最后以失败告终。兵败的阳虎只得带着残兵败将退到了他的大本营——阳关和灌城，他知道凭借这两个小都邑对抗鲁国大军绝对是螳臂当车，就破罐子破摔，烧掉城邑逃到齐国去了。

阳虎之乱虽然被成功平定了，但家臣势力的膨胀嚣张确实给"三桓"的掌门人们上了一课，深受其害的季桓子和叔孙州仇更是被吓得患上了"一朝被蛇咬，十年怕井绳"的心理重疾。

孔子是一个哲学家，对心理学颇有造诣，他抓住"三桓"对家臣的提防和不满之心，在代理国相的第二年适时提出了"堕三都"的改革措施——拆毁季孙氏的费邑（今山东费县）、叔孙氏的郈邑（今山东东平）、孟孙氏的成邑（今山东宁阳）这三座都邑的城墙，以便削弱管理这三座城邑的家臣的防御力量，当然孔子不会说得如此直截了当，他给出的应该是精兵简政、发展经济、方便百姓之类高大上的理由。

这其实是一个一石二鸟、一箭双雕的政治策略，既能够消除家臣割据作乱的隐患，又可以减弱"三桓"的军事实力和政治势力，对阳虎之乱心有余悸的季桓子和叔孙州仇极力赞成孔子的"堕三都"计划，并且立即付诸实施，孟懿子虽然不像那两个年轻掌门人那样积极，但也没有表示反对。

　　很快，叔孙氏的郈邑被拆毁了，季孙氏的费邑在平定了费邑宰公山不狃的叛乱后也拆掉了，现在轮到了孟孙氏的成邑，可是孟懿子却突然变卦了——他对"堕三都"的态度从许可变成了抵制。这时，季桓子和叔孙州仇也回过味儿来了，意识到了孔子的"堕三都"对他们"三桓"既有利也有弊，对鲁定公则只有利没有弊。换句话说，鲁定公才是"堕三都"的最大受益者，于是，他们转而支持孟懿子，反对孔子的改革。

　　既然掌控着鲁国政权的"三桓"站到了孔子的对立面，那么，孔子在鲁国进行的改革就只有失败这一条路可走了。

　　翌年，即公元前497年，齐国送来80个歌女舞姬、120匹高头骏马，意在诱使鲁定公和"三桓"沉迷声色，怠于国事。"三桓"倒是没被齐人的糖衣炮弹击中，没出息的鲁定公却真的从此深宫寻欢，不问政事了。

　　面对如此不堪的君主，孔子很失望、很伤心，但同时还心存幻想，期待着有朝一日鲁定公会幡然悔悟，从头再来。

　　然而，孔子等来的不是鲁定公的浪子回头，而是"三桓"的公报私仇。郊祭的日子到了，孔子忐忑不安地等待着鲁定公和"三桓"

按照周礼在祭祀结束后把祭肉分给包括他在内的朝中诸位大夫。可是，他从早一直等到晚，也没有等来那块代表着周礼的祭肉，一块祭肉的缺失好像不是什么大事，但足以证明被声色犬马包围的鲁定公早已把孔子忘到九霄云外去了，同时也证明孔子已经成了"三桓"眼中的沙子、喉中的鱼刺。

孔子不是一个宁肯尸位素餐也不放弃官职的恋栈者，他奉行的是"国有道则鼎力相助，国无道则远去他乡"的仕途法则，既然自己修齐治平的政治理想在鲁国不能顺利实现了，那就另谋出路，另寻高明吧。于是，孔子就辞去官职，率领着众弟子离开了"生于斯长于斯"的鲁国，踏上了漫长而艰辛的周游列国的旅程……

孔子一生中的三大家庭不幸

大家都知道，"幼年丧母，中年丧偶，老年丧子"乃人生三大不幸，殊不知，被后人誉为"千古一圣"的孔子几乎与这三个生命中难以承受之重撞了个满怀。

众所周知，孔子是鲁国的孔子，实际上，孔子的祖籍在宋国（都城在现在的河南省商丘市）。宋国是周武王分封给拥护周政权的商代贵族微子启（商纣王的哥哥）的诸侯国，而孔子正是商代王室的后裔。

孔子的先祖因躲避政治迫害自宋国迁到鲁国后，定居在陬邑（今山东省曲阜市尼山附近）。孔子的父亲叔梁纥官居陬邑大夫，曾屡立战功，以勇力闻名于诸侯。

据《孔子家语》记载，叔梁纥先娶了鲁国人施氏之女为妻，生了九个女儿却没有一个儿子。后来又娶了个妾，生了一个儿子叫孟皮，但孟皮身有残疾，是个瘸子。按照当时社会的要求，这样的儿子是不能"继嗣"的。因此，晚年的叔梁纥又娶了年轻的颜征在为妻。

公元前551年，颜征在为叔梁纥生下了孔子。但不幸的是，孔子三岁时年老的叔梁纥就去世了，葬于曲阜防山，孔子从此跟随母亲过上了艰苦贫困的生活。但孔子的凄苦命运并未到此为止。大约在他十七岁时，母亲颜征在也因病逝世离他而去，把他独自一人留在了诸侯争霸、战火纷飞的人世间。

十九岁那年，独自生活了两年的孔子成婚了，他的新婚妻子是宋国人，复姓亓官。第二年，亓官氏为孔子生下一子。当时的国君鲁昭公送来鲤鱼表示祝贺，于是，孔子给儿子起名叫孔鲤，字伯鱼。

可惜的是，亓官氏并非孔子真正的知己。当初选择孔子做丈夫是看中了他哪一点，亓官氏自己没有表白过，我们当然只能根据后来的事实进行猜测。也许她那时认为孔子迟早能够出人头地，所以才毅然决然地嫁给了父母双亡、孤身一人、无依无靠的孔子。但孔子实在不是那种官场混混式的人物，等她发现并确认这一点时，她已经跟着孔子吃了好多年的苦了。当亓官氏对孔子青云直上的信念终于破灭之后，这种苦日子她便过不下去了，于是她最终选择了离开。

如果说孔子中年丧偶，那自然是不正确的，可是，亓官氏的离开对于孔子来说其打击之重应该不亚于中年丧妻。伤心失望至极的孔老夫子大概也只能痛心而无奈地对儿女感叹："天要下雨，娘要嫁人，随她去吧！"

公元前483年，周游列国却无所建树的孔子回到了鲁国，此时他已是六十八岁的老人了。孔子虽然仍有心从政，却依然不被任用，只得继续从事教书育人和整理文献的工作。

就在这一年，孔子遭遇了人生中另一个莫大的不幸——他的儿子孔鲤先他而去了。白发人送黑发人的痛苦并不会因为孔子是圣人先哲而有所减轻，因为他毕竟不是出离红尘、断却六根的僧人啊！

四年之后，即公元前479年，伟大而不幸的孔子在鲁国病逝，葬于鲁城北。虽然孔子生前并没能逃脱普通人可能遭遇的人生之不幸，但他却在身后超越了普通人的普通，成了万世师表、千古一圣。

子路之死其实很不值

公元前480年，子路死讯传来，七十二岁的孔子痛心疾首，仰天长泣，第二年，孔子就在对子路的思念中不幸离世了。

对孔子影响如此之大的子路之死的确是个悲剧，子路也确实死得大义凛然，悲壮惨烈，但笔者还是要说子路之死其实很不值。

故事要从卫国第一美女南子说起。

南子原本是宋国的一个贵族女子，有一个情人名叫公子朝，后来，这出"窈窕淑女，君子好逑"的情爱戏出现了一个第三者，不是别人，正是当时以好色著称的卫灵公。南子虽然舍不得情哥哥公子朝，但胳膊拧不过大腿，最终还是按照宋国国君的安排嫁到卫国成了卫灵公夫人。

南子身在卫国心在宋，一直忘不了公子朝，就编了个理由让卫灵公把公子朝召到卫国来。卫灵公被南子迷得神魂颠倒，废寝忘食，对南子的话言听计从，从不怀疑。于是，公子朝就堂而皇之地来到了卫国。卫灵公按照南子的要求将公子朝安置在了洮这个地方，从这天起，南子就隔三岔五地找借口到那儿与公子朝幽会。

纸里包不住火，很快，南子与公子朝的宫廷丑闻就传得沸沸扬扬，满城风雨了，只有卫灵公还糊里糊涂地蒙在鼓里。这桩艳事最终惹恼了一个人，谁呢？卫灵公的接班人——太子蒯聩。蒯聩和他的一个家臣计划在朝见南子时动手将这个祸水做掉，可是那个家臣在刺杀现场却反悔了。更糟的是，早有防备之心的南子察觉了太子家臣的不轨行动。南子自然不肯善罢甘休，她立刻去向卫灵公哭诉太子想要加害于她，"情"令智昏的卫灵公大怒，下令驱逐太子及其同党，蒯聩一番周折后逃到了北面的晋国。

　　此后不久，孔子带领子路等弟子周游到了卫国，孔子不但受到了卫灵公的热烈欢迎，还应南子夫人的邀请进入后宫隔着珠帘会面。因为南子有"美而淫"的名声，性情耿直的子路对孔子接受她的邀请非常不满，怀疑老师好色之心胜于好德之心，并且当面提出了质问。孔子给出的回答是："予所否者，天厌之！天厌之！"关于这句话的解释，可谓仁者见仁、智者见智。笔者以为，根据当时的情境推断，其意应该是："我去见南子是出于礼节不得已而为之，并非好色胜于好德，好色胜于好德是我一直所批判的，那是老天都要厌恶的事情，老天都要厌恶的事情呀！"

　　虽然孔子在卫国没能实现他的政治理想，却也并非一无所获。一方面他获得了卫灵公的慷慨资助，另一方面也结识了不少与他政见相同的卫国大夫，孔悝就是其中之一。孔悝特别欣赏子路的忠勇，于是，子路就在得到孔子的允许后做了孔悝的家臣，负责管理孔悝的一个采邑。采邑者，大夫之封地也。

三年后，卫灵公去世，南子准备按照灵公遗愿将公子郢立为国君。但公子郢生性淡泊，不愿意接手卫君之位，南子只好立另一个继承人——太子蒯聩的儿子为国君，这就是卫出公，从这时起，卫国历史进入了南子时代。

尽管卫出公是蒯聩的亲生儿子，却和老爸的仇人、扶他登上君主之位的南子结成了权力同盟，而且和他老姑伯姬的感情也日渐疏远了，伯姬先是伤心不满，后来便对卫出公这个侄子有了深深的恨意，伯姬不是别人，正是子路的主公孔悝的老妈。

公元前481年，执掌卫国政权已经十二年的女强人南子不幸病倒了，伯姬抓住这个时机和身在晋国的弟弟蒯聩制定了一个秘密的大计划。在晋国国君的支持下，蒯聩带着一队乔装打扮的勇士潜回了卫国，悄悄进入了孔悝的府邸，和姐姐伯姬见了面。伯姬对弟弟的顺利抵达深感欣慰，同时也告诉了蒯聩一个不好的消息——孔悝不肯参与，甚至反对老舅和老妈的夺位计划。为了防止计划流产，伯姬和蒯聩只好对孔悝采取行动，将其软禁在一个密室之中，一个特别忠于孔悝的仆人偷偷逃出府外，把孔悝被困的消息告诉了深受孔悝之恩的子路。

子路闻讯，立刻带领手下来到孔悝府邸拯救自己的主公，双方在院内展开了一场你死我活的战斗。在战斗中，子路的头部不幸被敌人的利戈击中，冠带也被连带着割断了，血流满面、目眦尽裂的子路知道自己即将倒下，为主捐躯，因此他停止了战斗，怒视着敌人大声说道："君子死而冠不免！"言罢，他郑重地弯腰，捧冠，整冠，系带，而后，面向东方，从容受死……

蒯聩最终政变得逞，杀死了继母南子，从亲生儿子卫出公手中夺到了国君之位，但他在这个位子上只坐了三年就在战乱中死去了。其后，他的两个兄弟先后登位逃亡，卫出公又被迎回了卫国都城。再后来，卫出公被他的一个叔叔赶跑，死在了几千里之外的越国。

显而易见，子路是抱着"食人之禄，忠人之事"的想法死于卫国宫廷血腥内讧的，虽然不能说"轻如鸿毛"，但绝对算不得"重于泰山"，如果需要评价一下他的选择，最好的答案应该就是——子路之死其实很不值。

粉红色的赵氏孤儿案

千百年来,"赵氏孤儿"的故事震撼了一代代中国人的心灵,人们同情仁义爱民、惨遭灭门的赵盾家族,憎恨阴险毒辣、心如蛇蝎的屠岸贾,人们感动于公孙杵臼的舍生取义、程婴的忍辱负重,欣慰于庄姬的母子相认、孤儿的手刃仇人,却没想到这个把自己感动得一塌糊涂的故事实际上只是个被司马迁错认为真实历史的民间传说。

那么,"赵氏孤儿"的历史真相是怎样的呢?这要从赵氏家族的先祖造父说起。

造父是深受周穆王宠幸的车夫,周穆王太喜欢造父了,就把他封于赵城,这就是嬴姓中赵氏家族的起源。造父的侄孙赵非子因功封于犬丘,他的后人建立了秦国,造父的裔孙赵叔带入晋为官,他的后人和韩魏两家三分晋国建立了赵国。

早年追随晋献公公子重耳(即后来的春秋五霸之一晋文公)的五个名士之中,有一个是叔带之后,名为赵衰(音"崔")。赵衰与重耳一起流亡十九年,不离不弃,是重耳的股肱之臣。

重耳归国即晋君之位后，赵衰一直担任要职，后官至六卿之一兼执政大夫，可谓一人之下、万人之上。赵衰虽身居高位，但为人处世非常低调，谦让之贤令人敬仰，贾季赞其如"冬至之日"。

赵衰当年随重耳在翟国避难时，娶了当地戎族的女子叔隗，生下一子，取名赵盾。后赵衰又随重耳离开翟国，就把赵盾母子留在了那儿。重耳即位后，赵衰不忘旧情，将赵盾母子接到晋都绛城，并因赵盾贤能将其立为宗子，让晋文公之女赵姬为他生的赵同、赵括、赵婴齐都以赵盾为尊。

赵衰的名声和政绩已经为赵盾创造了良好的政治环境和竞争资本。公元前 622 年，赵衰逝世，赵盾继任为执政大夫。一年后，晋襄公重组内阁，又以赵盾为中军元帅，年轻的赵盾成了晋国历史上第一位集军政大权于一身的正卿。

就在这一年，晋襄公不幸去世，赵盾成了晋国实际上的一把手，开始了对晋国长达二十年的专政统治。

晋襄公去世后，赵盾立即派人往秦国去迎立襄公的弟弟公子雍，襄公的夫人穆嬴听说后带着年幼的太子夷皋到赵盾家中哭诉，赵盾无奈之下只得立夷皋为君，这就是晋灵公。

赵盾在朝中表面上与郤缺、荀林父等共主国政，实际上独擅专行，挟君令臣，并且和郤氏联合起来排挤荀氏。在他的高压政策之下，晋国卿士们敢怒而不敢言。不过，赵盾对于老百姓还是不错的，所以人民群众一直是支持他的强大力量，从这一点上来说，他有些像后世的曹操。

晋灵公长大之后，越来越不满足于自己为人所制的地位，甚至派人去刺杀赵盾。赵盾不得已逃出晋都，在他还未离开晋国的时候，他的族弟赵穿竟然一时性起杀死了灵公。赵盾回来之后，虽然知道灵公已被赵穿杀死，却并没有让赵穿以命抵罪，史官董狐愤而提笔，写下"赵盾弑其君"。

不久，赵盾立公子黑臀为晋侯，这就是晋成公。赵盾又以晋无公族为由，在晋国设立公族大夫、余子、公行建制，其职位主要由卿族世家子弟担任。晋国公族日弱，卿族日强，这对晋国君权几乎是致命一击，晋国的分裂已经提前预订。

当时春秋五霸之一的楚庄王不断北上，向晋国霸业发起严峻挑战。秦国也因崤山之败而屡屡攻击晋国后方。赵盾党同伐异、排斥异己的执政理念使得晋国内部矛盾重重，文襄霸业摇摇欲坠。公元前601年，赵盾撒手人寰，他留下的是晋国分崩离析的朝政与土崩瓦解的霸业。

赵盾死后，他的儿子赵朔承袭了爵位。公元前597年，赵朔作为晋国的大将率兵救援郑国，并与楚庄王大战一场，因为这场战争，赵朔娶了晋成公的姐姐赵庄姬做夫人。

公元前587年，赵朔英年早逝，耐不住寂寞的赵庄姬很快就和赵盾的异母兄弟赵婴齐，也就是赵朔的小叔勾搭上了。尽管在春秋时这种乱伦的事情并不少见，但赵婴齐的两个亲兄弟赵括和赵同看不下去了，他们认为赵婴齐丢了赵氏家族的脸，便联合起来把他放逐到了齐国。赵婴齐临走时说："有我在，栾书虽然执政，也不敢对赵氏家族怎样，我一走，只怕就麻烦了。再说，人各有能，有不能，我就是有点好色，你们忍一下又如何呢？"

失去情人的赵庄姬一直想报复赵同、赵括，她被愤怒冲昏了头脑，竟然忘了自己也是赵家的媳妇。赵庄姬联合了对赵氏有积怨的栾氏、郤氏，共同对付赵氏，他们轮番在晋景公面前诬陷赵同和赵括要谋反，最终晋景公信以为真，杀死了赵同、赵括。晋国的公卿大夫们因为赵盾专权对赵家多有不满，所以大多保持中立。

杀了赵同和赵括之后，赵庄姬才突然意识到一个问题，现在，赵家可就剩下自己的儿子赵武这一条根了，而栾氏、郤氏的力量正在壮大起来，这不是自己搬起石头砸自己的脚吗？大梦初醒的赵庄姬急忙把赵武带进晋国王宫保护了起来，以免受到栾氏、郤氏的杀害。

晋景公杀死赵同兄弟后，就想把赵氏的土地赏给祁奚家族。这时，终于有人站出来为赵氏家族说话了，他就是新任执政大夫韩厥。韩厥说："赵氏家族的赵衰、赵盾、赵朔都对国家立有大功，却既没有了后代，也失去了土地，这样让后来的人怎么想呢？还怎么愿意为国家尽忠呢？"于是，赵氏的土地被留下了，后来又封还给了赵武，赵氏家族才得以复兴。韩厥的这一句话挽救了赵氏，也最终成就了战国时代，他自然也成了传奇版《赵氏孤儿》中的一个主要人物。

大概晋国百姓已经厌倦了昏庸黯弱、无力治国的晋国君主，而倾心于争取民心的韩、赵、魏三家大夫，于是，人们铺陈演绎出了晋君昏聩、奸贼弄权、忠臣遇害、义士救孤、孤儿报仇的精彩故事。

四百年后，当遍访名山大川、探寻历史逸闻的司马迁来到晋国故都所在地时，"赵氏孤儿"的真实历史已经被程婴、公孙杵臼、屠岸贾等一个个活生生的人物形象所湮没。而司马迁又是一个感情充沛、易于激动的作者，所以，最后的结局是他把这个震撼人心却纯属虚构的故事写入了巨著《史记》中的《赵世家》。

其实，程婴的姓名恰好是成（全）婴（儿）的谐音，杀人如麻的奸佞以"屠"为姓等信息好像已经透露了一些文学虚构的蛛丝马迹，只是被这个故事深深震撼的人们（包括司马迁）在感动之余下意识地选择了相信，放弃了怀疑。

孔孟之间的两环

　　孔孟在我国历史上有着举足轻重、不可动摇的地位，他们自然有着千丝万缕、密不可分的联系。但和大多数人想象的不同，孟子并非孔子的学生，事实情况是这样的：孟子是子思（孔子之孙）门人的学生，子思曾受教于曾参（门人尊称为曾子），而曾参是孔子的主要门徒之一。

　　作为孔孟之间的两环，我们有必要深入了解一下曾子和子思。曾参，字子舆，是春秋末期鲁国南武城（今山东平邑）人，孔子弟子，七十二贤人之一，以修身和孝行著称，又颇多著述，是一位很有名的儒家大师。身后被尊为"宗圣"。

　　曾参相传为夏朝少康子曲烈的后裔，是孔子早期学生曾点的儿子，也就是说他们父子都是孔老夫子的门徒。曾参年轻时，家族已经衰败，为维持生计，他跟母亲一道从事农业、手工业劳动，过着"三日不举火，十年不制衣"的清贫生活。曾参是在孔子周游列国时投到老师门下的，他性情沉静，忠诚老实，谦恭勤谨，有大丈夫之勇，深得孔子喜爱。由于有了孔子的悉心教授，曾参自己也勤奋学习、严格修身，所以他很快就成了一个博学多才、学有所成的人。

那时，曾参的父母还在世，为了养家，他去莒国当了一个"得粟三秉"的官。这期间，曾参收徒讲学，弟子也达七十多人，后来成为大军事家的吴起就是其中之一。父母死后，他南游楚国，也做过"尊官"。然而后来还是告别了政坛。齐国、楚国、晋国分别想迎他为"相""令尹""上卿"，他一概不就任，而专心致力于钻研学业，传授弟子，终成一代儒学大师。更为难得的是，他一生中还撰有《孝经》《曾子》《大学》等多种著作，是孔门弟子中著述最丰的一个。孝行在曾参的思想和行为中始终占着最突出的地位，他本人也是"二十四孝"之一，"啮指心痛"讲的就是他的故事——曾参这个孝子服侍母亲的孝敬之心达到了极点。一次，曾参在山中砍柴，家里有客人来到，其母不知道该怎么办，盼望儿子早点回来，但曾参还是没有回来。于是她就咬自己的指头，曾参忽然心痛，就马上背柴归家，跪在母亲前面，询问缘由。母说："有客人突然来到，我咬指头让你感悟。"

民间还流传着曾参杀猪的诚信故事：曾参的妻子原来答应杀猪给儿子吃，后来又舍不得了，曾参斥责了妻子的不严肃态度，说："是教子欺也。母欺子，子而不信其母，非以成教也。"而后，杀猪以兑现前诺。大家非常熟悉的"吾日三省吾身"也和曾参有关，那是《论语》记载的他的话语，就是说一个人每天都要多次进行自我检查，对各种问题及时反省。曾参的思想学说是比较丰富的，影响也很广，历代统治者赠他"太子少保""郕伯""郕侯""武城侯""郕国公"

等谥号。元朝至顺元年（1330年），更被封为"郕国宗圣公"，成为孔子弟子中仅有的"二圣"之一（另一圣为"复圣"颜回）。

子思，姓孔，名伋，是孔子之孙，也是儒家的代表人物之一。非常遗憾的是，子思的生平事迹已难详考。《史记·孔子世家》载："孔子生鲤，字伯鱼。伯鱼生伋，字子思"；"尝困于宋，子思作《中庸》"。据说他曾师事曾参，又据《孟子》中记载：子思曾被鲁缪公、费惠公尊为贤者，以师礼相待，但终未被起用。《汉书·艺文志》曾著录《子思》二十三篇，可惜已经失传。子思上承曾参，下启孟子，在孔孟"道统"的传承中有着重要地位，而《中庸》一篇亦为儒家心性理论的主要著作之一。

荀子在《非十二子》中论子思、孟轲之学，谓："略法先王而不知其统，犹然而材剧志大，闻见杂博。案往旧造说，谓之五行，甚僻违而无类，幽隐而无说，闭约而无解。案饰其辞而祗敬之曰：此真先君子之言也。子思唱之，孟轲和之……"韩非子在其《显学》篇中论孔子死后"儒分为八"，"子思之儒"亦为其中一派。北宋徽宗年间，子思被追封为"沂水侯"；元朝文宗至顺元年（1330年），又追封子思为"述圣公"，以后就称作"述圣"。

国宝曾侯乙编钟：主人的身份为何成为秘密？

1977年7月，驻扎在湖北随县（今湖北省随州市）城郊擂鼓墩的人民解放军在扩建营房的过程中，偶然发现了战国初期的曾侯乙墓，这是一个面积比长沙马王堆汉墓大六倍的"超级古墓"。

第二年5月，曾侯乙编钟的出土让曾侯乙墓的发现有了更加重大的意义，因为这套编钟不仅精美绝伦，而且雄伟壮观，堪称"稀世珍宝"。

曾侯乙编钟共有八组五十六个大钟、小钟和不大不小的钟，都用青铜铸成，总重量竟达两千五百六十七公斤。更令现代人叹为观止的是，曾侯乙编钟音域跨越五个半八度，只比现代钢琴少一个八度，中心音域十二个半音齐全。总而言之，一句话，曾侯乙编钟的发现在中国考古史、音乐史和冶金史上即使不是绝后的，也绝对是空前的。

曾侯乙编钟现在属于国家，两千五百年前铸成时，它的主人不是别人，正是它名字中的曾侯乙。

曾侯乙究竟是一个怎样的人呢？史书中一点儿蛛丝马迹都没

有，考古学家们只能从他墓中的陪葬品来推测。

考古学家们认为曾侯乙是一个音乐家，因为他墓中有数量众多的乐器，乐器上还有关于音乐的内容丰富的铭文；他们还认为曾侯乙是个军事家，因为他墓中有用于车战的技术先进的武器装备。但这些都只是推测，真正可以确定的是曾侯乙的名字、身份和生活年代。

从曾侯乙这个名号来看，他应该是名字叫乙的曾国君主，爵位是公侯伯子男中的第二级侯。科学家们根据碳14数据测定出曾侯乙生于公元前475年左右，卒于公元前415年前后，也就是说，他生活在公元前5世纪。

令人大跌眼镜的是，相关人员翻遍了相关史书，硬是没发现一个关于曾侯乙的字词，别说曾侯乙了，连关于曾国的字词也一个没找到。

曾侯乙编钟是1978年于湖北随县出土的，在随县的曾国古墓群中，还发现了随国大司马的戈，此戈属于东周时期，刃上清晰地刻着"随大司马献有之行戈"的铭文。

随国在史书中是有记载的，而且不止一处，比如，《左传》有"桓公六年，楚武王侵随"；再比如，《史记》有"楚昭王亡出郢，奔郧。郧公弟欲弑昭王，昭王与郧公奔随"。

那么，曾国和随国究竟是什么关系呢？目前关于这个问题主要有四种观点。

其一，曾只是曾，随只是随，二者不应混为一谈；

其二，曾灭随，据其国土；

其三，随灭曾，延姬姓宗嗣；

其四，早期曾国已被楚所灭，楚灭随以后，又在随地分封了一个曾国。

但是，笔者以为还应该有另外一种解释——曾就是随，随就是曾，随国是曾国的别称。

曾国之所以被称为随国，是因为曾国的都城在随邑这个地方，就像商朝将都城迁到殷后被称为殷朝、魏国因为都城位于大梁而被称为梁国一样。

根据现存的历史资料来看，最早将曾国称为随国的是《左传》，《左传》作者鲁国史学家左丘明这样做还有一个原因，那就是为了避免和鲁国附近的鄫国混淆，就像把魏国称为梁国以便和卫国分开一样。

顺便说一下鄫国的相关信息。

鄫国乃是夏代明君少康的次子曲烈的封国，以㠯为姓，开始在今河南方城一带，后迁到山东南部的兰陵地区，靠近当时的鲁国。鄫国历经夏、商、周三代，一直延续到春秋时代的公元前 567 年才被莒国所灭，大约总共存在了一千五百年。

鄫国灭亡后，鄫太子巫怀着亡国之痛逃到邻近的鲁国，后来，他的子孙把"鄫"字除去邑旁（即耳刀旁），将曾作为他们的姓氏，表示不忘故国，怀念故土之意。两千多年来，曾姓族人一直宣称他们都传自禹的后裔太子巫，"天下一曾无二曾"。

无独有偶，以汉东大国著称的随国（即曾国）灭亡后，随国的后人们把"随"作为他们的姓氏以示对故国的纪念，后来随姓在隋朝时期变成了现在的隋姓。

　　曾姓和隋姓的历史似乎在告诉我们，北方的鄫国灭亡在先，鄫人以曾为姓；南方的曾国灭亡在后，曾人不能再以曾为姓，以免和鄫人混为一谈，于是就将另一个国名随作为姓氏，这才有了随姓和后来的隋姓。

　　最后需要说明的是，隋姓在隋朝之前是不存在的，因为"隋"字是隋文帝杨坚自己创造的新字，他通过把随的繁体字去掉"辶"缔造了大隋的国号。

雍城南门的那根木头——大秦崛起启示录？

公元前 359 年，秦国国都雍城南门竖起了一根三丈高的木头，就在这根木头立下的那一刻，中国历史上许多事件的伏笔已经悄无声息地埋在了雍城那历经风霜、坚实厚重的肥沃黄土之中。

战国中前期，在齐、楚、燕、韩、赵、魏、秦七雄中，位于关西的秦国在政治、经济、文化各方面都比中原各国落后。与之相邻的魏国就远比秦国强大，并且从秦国夺去了河西一大片土地。

秦孝公即位后下决心发奋图强，赶超关东诸国，他知道对于国家的发展崛起来说最重要的是人才，就下了一道命令，说："不论是秦国人还是外国人，谁要是有办法使秦国富强起来，就赏赐他高官厚禄。"

秦孝公这样一号召，果然吸引了不少有才干的人。卫国有一个贵族叫公孙鞅（就是后来的商鞅），他在本国得不到重用，就跑到秦国来求见秦孝公。商鞅对秦孝公说："一个国家要富强，必须注意农业，奖励将士；要打算把国家治好，必须有赏有罚。有赏有罚，朝廷有了威信，一切改革也就容易进行了。"秦孝公完全同意商鞅的主张，就拜商鞅为左庶长（相当于副丞相），让他全权负责改革大事。

商鞅起草了一个改革的法令，但是怕老百姓不信任他，不按照新法令去做，就先叫人在都城的南门竖了一根三丈高的木头，下命令说："谁能把这根木头扛到北门去，就赏赐十两金子。"大伙儿先是议论纷纷，而后你瞧我、我瞧你，就是没有上去扛木头的。

商鞅知道老百姓还不相信他下的命令，就把赏金提到五十两，没想到赏金越高，看热闹的人越觉得不近情理，仍旧没人去扛。这时，一个勇敢的人（历史本来应该记住这个人的名字）从人群中走了出来，说："我来试一试。"他把木头扛起来就走，一直搬到北门。

商鞅立刻派人赏给这个敢于第一个"吃螃蟹"的人五十两黄澄澄的金子，一分也不少。

这件事立即在全城传开了，一下子轰动了秦国，老百姓说："左庶长的命令真不含糊！"

南门立木在秦国百姓中树立起了商鞅的威信，他就趁热打铁把起草的改革法令公布了出去。新法令规定：官职大小和爵位高低以军功为标准，贵族没有军功就没有爵位；多生产粮食和布帛的，免除官差；凡是为了做买卖和因为懒惰而贫穷的，连同妻子儿女都罚做官府的奴婢。

公元前 350 年，商鞅又实行了第二次改革，改革的主要内容是：废井田，开阡陌；建立郡县制，加强中央集权；为了便于向东发展，迁都咸阳。

商鞅深知只有强大的农业才能支持不断扩大的战争，所以他重农抑商，大力发展农业，并通过严谨的法律对农业实行有效的宏观管理，还大修水利工程支持农业的发展。秦灭楚时发动了六十万的大军，打了将近两年，如果秦国没有发达的农业，进行这么大规模的战争绝对是不可能的任务。

商鞅还把其师李悝的《法经》改为《秦律》，推行全国，这是一套任何别的国家都无法忍受的繁杂、严厉、苛刻的法律。从此以后，整个秦国都严格地按照这套法律成功而有效地运转。它影响了六代秦人，直到秦始皇，最终使秦国完成了灭掉六国、一统天下这一伟大而又艰巨的历史任务。

商鞅规定：秦国的士兵只要斩获敌人一个首级，就可以获得爵位一级、田宅一处和仆人数个。斩杀的首级越多，获得的爵位就越高。可以说整个生活跟打仗挂钩了，这就是商鞅著名的军功授爵制度。

商鞅还提出并实施了"一刑无等级"，即"自卿相、将军以至大夫、庶人，有不从王令、犯国禁、乱上制者，罪死不赦"，这颇有些"法律面前人人平等"的味道。在贵族特权还普遍存在的条件下，敢于提出"一法令"，其胆识和魄力是可以想见的。后来，秦孝公去世，旧贵族趁机诬告商鞅"谋反"，将他杀死后施以车裂之刑。商鞅虽死，但由于新法颁布多年，深入人心，得以继续贯彻。他若地下有知，在为自己伤心的同时，肯定也会为变法的成功而深感欣慰。

自从商鞅变法以后，秦国的农业生产逐年增加，军事力量日渐强大，为领土扩张、统一六国提供了强大的经济和军事基础。不久，秦国进攻魏国的西部，从河西打到河东，把对方的都城安邑（今山西夏县）也打了下来，魏国不得不割让河西土地，把国都迁到大梁（今河南开封）。

秦国越来越富强，周天子深为震动，派使者给秦孝公送来了祭肉，封他为"方伯"（一方诸侯的首领），中原的诸侯国也纷纷向秦国道贺。秦孝公的儿子秦惠王先夺取了三川地区，而后北收上郡，南取汉中，西括九夷，东据成皋，割取了其他诸侯国的大片土地。

公元前256年，秦昭王灭掉了早已名存实亡的周王室，天下完全陷入了群龙无首、诸侯混战的状态。

秦国的发展引起了东方六国的恐慌，再也不敢小觑曾被他们当作夷狄之邦的秦国，于是，纵横捭阖、唇枪舌剑的纵横家们登上了历史舞台。苏秦主张并笃行合纵攻秦之策，不仅担任纵约长，而且身佩六国相印。与苏秦齐名的张仪为秦国提出了连横的主张，为了瓦解齐楚联盟，张仪不惜利用欺骗的手段，后来秦国运用张仪的连横之术逐步瓦解了六国的合纵行动。

范雎为秦昭王提出了"远交近攻"的政策，即近的攻打，远的交好，像蚕吃桑叶一样，先吃嘴边的，再向旁边吃，最后把整个桑叶吃光吃尽。这一战略方针为秦国历代君主所用。秦王政采纳李斯和尉缭的意见，厚赂六国豪臣，以乱其谋，同时任用姚贾以金钱离间六国的关系，任用顿弱网罗人才，离间别国的君臣。

公元前230年，秦始皇统一六国、一扫天下的伟大惨烈战争开始了。秦军先由弱小的国家下手，第一个锁定了睡榻之旁的韩国，秦始皇派内史腾率军长驱直入，俘虏了韩王安，在韩国故地设置了颍川郡（郡治在今河南禹县），韩国宣告灭亡。

灭韩之后，第二个目标就是赵国。长平之战时，秦军用计散布谣言，使纸上谈兵的赵括代替老将廉颇，导致赵军四十万被俘之后被坑杀，赵国主力彼时已经损失殆尽。公元前229年，赵国接连发生大地震和大饥荒，秦始皇再次命王翦、杨端向赵国发动全面进攻。王翦施行反间之计，用重金收买赵王宠臣郭开，大肆诽谤李牧等人，说他们要谋反，结果李牧被赵王杀害。公元前228年，王翦大破赵军，攻克邯郸，俘获赵王迁，占领赵国本土，接着挥师北上，屯于中山（河北定县），逼近燕国。

秦军逼近燕国，引起燕、代一片恐慌。燕国的太子丹收容秦国叛将樊於期，并通过燕国勇士田光结识了刺客荆轲，企图刺杀秦始皇，但荆轲未能杀掉秦始皇，反而激起了秦始皇对燕国的愤怒。公元前226年，秦军攻占燕都蓟城（今北京市），燕王喜和太子丹逃往辽东。秦军攻克燕都蓟城后，把打击的矛头指向了魏国。公元前225年，秦始皇派王翦的儿子王贲率领十万大军攻打魏国。王贲看到大梁城地势较为低下，又离黄河、鸿沟不远，遂令秦军开渠，将黄河、鸿沟之水引至大梁城下。三个月后，城垣崩塌，秦军攻入大梁，魏王假投降，魏国灭亡。

公元前225年，秦始皇派李信率军攻楚。李信轻敌冒进，先胜后败。公元前224年，秦始皇亲请老将王翦，令其率六十万大军伐楚，大破楚军于蕲南，杀楚将项燕，占领楚国大片领土。公元前

223 年，王翦与蒙武合攻楚都寿春，俘获楚王负刍。次年王翦又率军渡过长江，平定了楚国的江南地区，降服百越之君，楚国宣告灭亡。

楚国灭亡后，秦始皇派王贲率军深入东北，扫除燕、赵残余势力。公元前 222 年，王贲攻占辽东，杀死了太子丹，俘虏了燕王喜，接着攻下代城，俘虏了代王嘉，燕、赵两国彻底灭亡。至此，东方六国中就只剩下齐国。公元前 221 年，秦始皇命王贲率秦军从燕国边界南下进攻齐国。王贲以迅雷不及掩耳之势，在没有遇到什么抵抗的情况下，猝然攻入齐都临淄（今山东淄博）。齐王建入秦投降，齐国也被纳入秦国的版图。

仅仅用了十年时间，秦始皇就像秋风扫落叶一样灭掉了六国，一统华夏。李白写诗赞道："秦王扫六合，虎视何雄哉！挥剑击浮云，诸侯尽西来。"

商鞅变法改变了秦国的命运，而秦国的崛起则改变了千千万万人的命运，其中就包括我们非常熟悉的大诗人屈原、大思想家韩非子、大侠客荆轲等很多杰出人物。

统一六国之后，秦始皇在全国实行郡县制，分天下为三十六郡（后来随着对外扩张，增加到了四十多郡），统一文字、度量衡、车辆形制和货币，并"以法为教"。同时，他派蒙恬率军三十万北击匈奴，并修筑万里长城。后又大修驰道。接着，这位始皇帝一声令下，五十万秦军迅速向南方挺进，统一了岭南。在战争期间，为了转运兵卒和军粮，秦始皇命人开凿了灵渠。这些工程虽然有些劳民伤财，但却都是功在当代、利在千秋的，万里长城更成了中国最典型的一个象征。

大秦帝国傲然屹立在东方，如初升的太阳，如崛起的山冈，有着宏大的规模和气象，当时能跟秦帝国相提并论的只有地中海的古罗马和南亚次大陆上的孔雀王朝。然而，这样一个辉煌的帝国，还没来得及向四周放射它耀眼的荣光，就过早地走到了生命的尽头。

公元前 206 年，农民起义的狂风巨浪终于彻底颠覆了始皇帝嬴政创建的仅仅存在了十五年的大秦帝国，但秦王朝的故事却并没有到此结束。

两千二百年后的 1974 年春天，在陕西省骊山脚下的临潼县晏寨公社西杨村，几个农民打井抗旱时，挖出了一座古代建筑和一些陶俑，后来经过考古专家的鉴定认证和有关部门的进一步发掘，在地下埋藏了二十多个世纪，被称为"世界第八大奇迹"的秦始皇陵兵马俑终于得以重见天日……

齐宣王:"滥竽充数"之外的故事

大名鼎鼎的南郭先生"滥竽充数"的故事大家想必都很熟悉吧！但故事里面的那位齐宣王实际上是个求贤若渴的君主。

公元前 320 年，享国近四十年的一代雄主齐威王驾鹤西游求取真经去了，他的儿子田辟疆继位成为齐国的第一把手，这就是南郭先生的第一个老板齐宣王。

齐宣王继承了他老爸的基因，特别重视人才。对于人才就像猫见了老鼠、老鼠见了大米，必欲得之而后快。

宣王一即位，就将特别能打仗，但因闹情绪惹了乱子而逃到国外的田忌请了回来，恢复其爵位和封地，让他继续当齐国的三军总司令。田忌也很给宣王长脸，先后伐赵、伐燕、伐魏，每次都是"鞭敲金蹬响，高唱凯歌还"。武有田忌，文则有田婴。齐宣王任用田婴担任齐国总理，改进外交政策，发展市场经济，齐国的经济实力和"国际地位"齐头并进，携手向前，继续保持着威王时期形成的与秦并为超级大国的地位。

有个名叫王斗的人到宫前要见齐宣王，宣王让人引他进殿，王斗说："斗趋见王为好势，王趋见斗为好士，于王何如？"（我进去见大王说明我爱慕权势，大王出来见我说明他礼贤下士，大王觉得怎么办好呢？）传达室大爷回报宣王，宣王马上跑到宫门口迎接，陪着王斗一起进殿，向他请教治国之策。王斗向宣王推荐了五位贤人，宣王都予以重用，在贤人们的治理下，齐国越来越繁荣富强。

苏秦在游说齐宣王合纵抗秦时，曾这样盛赞齐国的强盛和齐都临淄的繁华："齐地方二千里，带甲数十万，粟如丘山。临淄之中七万户——临淄之途，车毂击（车轮相碰），人肩摩，连衽成帷（街上人的衣襟连起来就成了帷幔），举袂成幕（衣袖举起来就成了舞台上的幕布），挥汗成雨（人多之故），家敦而富，志高而扬。"虽有夸大之辞，但齐国一直是战国时代最富的国家却是不争的事实（秦国最强，楚国最大）。

齐宣王求贤若渴，礼贤下士，齐国得以大治。他的这一做法还造成了一个破天荒的结果：将一个丑女迎入后宫做了王后，此丑女就是历史上鼎鼎大名的无盐女钟离春。要知道，在京剧舞台上，钟离春是以半旦半净（就是花脸）的形象出现的，其丑可想而知。

那么，无盐女到底有多么丑呢？据史书记载，此女"凸头深目，昂鼻结喉，肥顶少发，皮肤烤漆"。也就是说，她额头前突，眼窝深陷，鼻孔上翻，头颅大，头发少，颈部喉结比男人的还要大，皮肤黑红，像烤了漆一样（烤了漆的家具好，烤了漆的皮肤可就惨了），那真是"极丑无双"，丑得你大开眼界，废寝厌食！

钟离春虽然貌丑，但志向远大，非一般女子可比。她自幼跟随曾做过基层军官的父亲舞枪弄棒，学习《周易》，渴望报效国家，倒是很像后来的花木兰。当时，齐国的鄄邑（今山东鄄城）被赵国侵占，钟离春的家乡无盐邑（今山东东平）和鄄邑相邻，经常遭到赵军的骚扰破坏。为了拯救苦难百姓，维护国家领土，钟离春冒着杀头的危险，来到都城临淄，见到了齐宣王。只见她举目扬眉，张口切齿，两臂前挥，口称："殆哉，殆哉。（危险啊！危险啊！）"宣王面对钟离春的表演，两眼茫然不知所措，大夫淳于髡会意，试探地说："远望边邑，切齿佞臣蔽君……"钟离春点点头，正色道："赵国陷我鄄邑，大王却闭塞不知，而是身边左俳右优，长夜沉湎酒色，危险呀，危险呀，愿大王尽快驱俳优，逐佞臣，进贤人，治国家。"钟离春话音刚落，淳于髡拍手叫好，说："金玉良言，金玉良言。"齐王深受感动，就答应了钟离春的请求，封她为无盐将军，命她和淳于髡带兵去收复鄄邑。

钟离春果然不负众望，在淳于髡的帮助下，计杀赵将白元，大败赵军，一举夺回鄄邑。

无盐女钟离春班师凯旋齐都临淄，齐宣王亲自到城外迎接，赐酒贺功。可爱的宣王这时已经不知不觉爱上了这个可爱的丑女，他高举酒杯当众宣布："无盐将军文能匡君，武能安邦，寡人封你为王后。"钟离春接杯一饮而尽，众官同贺。四十多岁的丑女钟离春就这样凭着勇气和智慧进了齐宫做了王后。从此，临淄地区流传开了一句民谣："无盐娘娘生得丑，保着齐王坐江山。"

齐宣王和钟离春的故事在民间流传颇广，京剧《湘江会》、晋剧《齐王拉马》都是以此为题材的。

战国时代在政治上是一个群雄并起、诸侯争霸的时代，在文化上则以学派纷呈、百家争鸣为特色。

一说到百家争鸣，我们脑海中就会呈现出《三国演义》中诸葛亮舌战群儒的场景。其实，战国时代的诸子及其门人主要是通过著书立说各抒己见的，唇枪舌剑，你来我往，当面锣、对面鼓过招的机会少之又少。齐国的稷下学宫恰好为当时的学界巨子们提供了一个现场辩论的平台，而齐宣王在其中扮演着举足轻重的角色。

稷下学宫是齐宣王的爷爷齐桓公创立的，因设在齐都临淄小城西门（又称稷门）之下而得名，是一个讨论学术，培养新人，类似大学的机构。

齐宣王不但喜欢聆听乐师们一起吹竽时的悠扬乐声，还倾心于大师们现场辩论时的热烈气氛。于是，他启动了稷下学宫的改建扩建工程，将齐国第一学府修造得气势恢宏，楼宇轩昂，并以优厚的工资待遇、舒适的住房条件吸引百家诸子到齐都临淄做访问学者，当客座教授，开坛讲学，著书授徒。

一时之间，儒家的孟子与荀子、道家的环渊与接舆、近于墨家的淳于髡、法家的慎子与田骈、纵横家的苏秦和张仪、名家的公孙龙子、阴阳家的邹衍都汇聚于稷下学宫，现场版的百家争鸣不时上演，学术交流呈现出空前绝后的火热局面。

据说，齐宣王时稷下学士成百上千，蔚为大观，达到全盛。稷下学宫成了知识分子的欢乐谷，成了普天下的读书人梦中向往的天堂。

邹衍：第一个睁眼看世界的中国人

众所周知，民族英雄林则徐被誉为"睁眼看世界第一人"，其实，这个说法之前应该加上"近代中国"这个定语，而整个中华历史上第一个睁眼看世界的人则比林则徐早得多，具体来说，要早大约二千一百年。

这个人就是诸子百家中阴阳家的代表人物邹衍。

邹衍是齐国人，生活在战国中后期，逝世于长平之战以后，生前据说做过燕昭王（就是不惜千金买马骨的那位）的老师。他的著作有十余万言，可惜都已亡佚在历史的长河之中。

邹衍的学说，现在所留传的有"大九州说"和"五德终始说"，前者可作为他是中国历史上"睁眼看世界第一人"的证明。

邹衍之前的学者想象全世界是一块大陆，四围是海，海尽处与天相接；当时的中国（包括七雄和若干小国）几乎就是这大陆的全部；这大陆相传曾经由夏禹划分为九州。

邹衍却不这么认为，他以阴阳五行说为理论基础，由小推大，由近推远，大胆而创造性地提出了"大九州说"。

依照邹衍的"大九州说","儒者所谓中国者于天下乃八十一分居其一耳。中国名曰赤县神州。赤县神州内自有九州,禹所序九州是也。……中国外如赤县神州者九……人民禽兽不能相通。……乃有大瀛海环其(大九州)外,天地之际也"。

虽然邹衍从未走出过中国,也没有读过有关国外地理的书籍,但他的"大九州说"却与我们现在所熟知的这个世界基本吻合。

在邹衍生活的战国时代,"中国"仅指战国七雄及周王室分封的另外一些小诸侯国,面积大约相当于现在中国的一半,也就是480万平方公里。现在的中国占世界陆地面积的十四分之一,而陆地又占地球表面的大约三分之一。如此推算下来,邹衍那时的中国面积正好是地球总面积的八十几分之一。

"大九州说"之中的"中国外如赤县神州者九"的说法和七大洲的划分也是非常相近的。试想,如果我们把中国之外的亚洲分为俄罗斯的亚洲部分和亚洲其他地区,那么,整个世界不是恰好可以分为相当于"大九州"的九个部分吗?在这样划分的前提下,"大九州"应该包括中国、俄罗斯亚洲部分、亚洲其他地区、非洲、欧洲、北美洲、南美洲、大洋洲和南极洲。

由于当时历史所限,邹衍没有能力去探索了解"中国"之外的世界,但凭借严谨的推理和大胆的想象,他依然无愧于"第一个睁眼看世界的中国人"这一称号!

势同水火的秦赵两国原来是一家

当我们遇到一个同姓的陌生人时，可能会说这样一句话以表亲切——咱们五百年前是一家啊！至于双方是否真的有这份渊源，恐怕事后很少有人去查考探究。但是，东周战国时期虽一东一西却势同水火，打得你死我活、血流漂杵的秦、赵两国却真的曾经是一家人，如果从赵国建立的时间向前推算，那恰好是五百年前的事情。

故事要从公元前 11 世纪中期武王伐纣时说起。

依照传统的说法，英明神武的周武王之所以要讨伐殷纣王，是因为纣王骄奢荒淫，残暴无道。而纣王之所以无道，原因有二：其一，他宠爱妖女妲己，被其迷惑，性情大变；其二，他亲小人而远贤臣，只听阿谀奉承，不纳逆耳忠言。纣王身边的小人是谁呢？看过《封神演义》的朋友肯定还记得费仲、尤浑，这俩家伙在那本书的前半段折腾得比较欢，后来就换了另一对佞臣，一个曰飞廉，一个叫恶来。这四个小人中，尤浑是虚构的，因为尤这个姓氏是在两千多年后的五代十国时期呱呱坠地的，另外三个史书上都有记载。非常不幸的是，秦、赵两国共同的祖先就是四大小人之一的飞廉。

大家看完上面一段文字，肯定会有这样的印象：费仲、尤浑是一对狼狈为奸的同事，飞廉、恶来是两个一丘之貉的同事，此论诚然不错，但飞廉和恶来之间还有一层更亲密的关系——前者是后者的老爸。

　　飞廉是个飞毛腿，办事特别快当，好似《水浒传》里的神行太保戴宗，是纣王最信任的臣子，常被派到诸侯国宣读圣旨。他的儿子恶来力大如牛，打起仗来二三十人近身不得，是纣王最依赖的保镖，几乎时时刻刻陪侍在纣王身边。

　　飞廉这个人品性如何，史书上没有说，但他儿子恶来确实不是个好鸟。恶来的特点是四肢发达，头脑却不简单，这本来是个好事，糟糕的是，他不简单的头脑没有用在正事儿上，却专门造谣惑主，挑拨离间，陷害好人。不少诸侯和大臣都由于恶来的诋毁而受到了纣王的惩罚迫害，因此大家都非常讨厌他、憎恨他。

　　恶来虽然名声不好，可是他对纣王的确忠心耿耿。在周武王伐纣时，恶来为了保卫主子拼命杀敌，力尽而死。那时，他老爸飞廉正在北方的霍山给纣王置办坚固华丽的石棺。朝歌沦陷，纣王自焚，商朝灭亡，儿子恶来阵亡的消息一一传来，飞廉伤心过度，不久病死，死后就葬在霍山上。

　　恶来死了，他的儿子女防活了下来，女防生旁皋，旁皋生太几，太几生大骆，大骆生非子，嬴政家族史上最重要的人物终于出现了。

　　非子是一个养马的好手，并且以此名震西陲，于是周孝王把他招来让他驯养周王室的那些名马良驹。非子名不虚传，给周王室调教出了一匹匹的千里马，周孝王非常满意，特别高兴。国王一高兴，后果很严重，他任命非子做大夫，同时把一个称为秦的地方封给了非子，恶来这支嬴姓家族终于迎来了翻身解放的日子。

非子的儿子称为秦侯，秦侯生公伯，公伯生秦仲，秦仲生嬴其，嬴其生嬴开。

后来，周幽王烽火戏诸侯，失去了诸侯王们的信任，结果应了"玩火者必自焚"这句老话，在犬戎进犯、诸侯不救的形势下被杀死于骊山脚下。之后周平王在大臣拥戴下即位，贪得无厌的犬戎继续为乱，嬴开带兵勤王，并且不远千里将平王护送到了安全地带的东都洛邑，而自己则义无反顾地回到西部保家卫国，抵抗犬戎的侵略。

周平王被嬴开的忠勇深深感动，他把岐地以西的大片土地分封给嬴开，嬴开从大夫升格为诸侯，这就是历史上的秦襄公。至此，对中华历史影响深远的秦王国就横空出世了。

那么，和秦国千里之隔的赵国跟飞廉有什么关系呢？

原来，恶来并非飞廉的独生子，飞廉还有一个名叫季胜的儿子。季胜生孟增，孟增生衡父，衡父生造父，造父正是赵姓的始祖，赵国的源头。

本来姓嬴的造父是如何成为赵姓始祖的呢？说到这事，必须要提一提最喜欢旅游的周天子周穆王。

周穆王既然是个"旅游控"，他肯定非常喜欢车，同时会爱屋及乌地喜欢好司机，造父就是大周朝排名第一的好司机，当然他屁股底下的车不会是现在国王总统乘坐的名车，而是一部由四匹千里骏马作动力的超级豪华的羽葆盖车。

某年某月的某一天，周穆王得到了四匹绝世骏马，分别叫骥、温骊、骅骝、騄耳，他的兴奋空前绝后，无以言表，当即决定让这四匹"飘若浮云，矫若惊龙"的神马和造父拉着他去遥远的西方瑶池，去拜访他朝思暮想、寤寐难忘的西王母。

前面我们曾讲过，周穆王与西王母一见如故，相处甚欢，于是乐不思"周"，流连忘返，就在这时，传来了徐偃王作乱的噩耗。

这是历史给好司机造父创造的重大机遇，他振奋精神，抖起天下第一司机的神威，驾着天下第一的豪车宝马，拉着天下第一人周穆王，一日千里，日夜兼程，准时赶回大周，顺利平定了徐偃王为首的叛乱。

刚刚解除了国家危机的周穆王心情大好，对司机造父的表现非常满意，并且给予了大大的奖励——把赵城（今山西洪洞赵城镇）这个地方封给了他。为了表示对天子大恩的感激之情，造父和他的儿孙们从此以赵为姓。

昏庸无道的周幽王在位时，造父的七世孙叔带因为进谏被削职为民，于是他便携家带口离开周都镐京来到了晋国，在晋文侯手下为臣。再后来，叔带的七世孙赵衰辅佐春秋五霸之一的晋文公成就霸业，立下卓越功勋，从此赵氏子孙一直手握重权，位列公卿，唯一例外的就是赵氏孤儿那段时间。

到了春秋末期，赵家的权势更大，最后赵衰的六世孙赵襄子和同为大夫的韩康子和魏桓子瓜分了晋国，各自建立了自己的国家，战国七雄之一的赵王国终于走上了历史舞台。

　　秦国和赵国这两支嬴姓是在飞廉那儿分开的，秦国的始祖是飞廉长子、对于周朝有罪的恶来；赵国的始祖是无罪的季胜。出人意料的是，罪人恶来的家族传到第九代时，就乌鸦变凤凰，彻底翻身，成了诸侯，而清白的季胜家族传到第二十四代时才进入诸侯之列。历史有时就是这样不讲道理。

赵武灵王：后悔也能害死人

老百姓中有这样一句俗话：世上没有卖后悔药的。如果世界上真有这样一种药，大名鼎鼎的赵武灵王肯定是它的第一批粉丝拥趸，因为他就是被后悔给害死的。

赵武灵王初即位时，赵国军事力量不强，四处受敌，不但经常被齐、魏等强国侵犯，而且不时遭遇林胡、楼烦、匈奴等游牧部族的骚扰，最让赵武灵王头疼的则是胡人在北方建立的中山国，有几次竟然兵临赵国首都邯郸城下。

赵武灵王是个特别有头脑的君主，他"师胡长技以制胡"，大刀阔斧地进行改革，以"胡服骑射"为口号，改进军事装备，改革作战方法，增强军事力量，最终反败为胜，灭掉中山国，建立代郡，接着攻破林胡、楼烦、匈奴，占领今内蒙古中部黄河南北地区，建立云中、九原两郡，又在阴山修建赵长城以阻挡胡人进犯。一时之间，赵国国势大盛，成为实力仅次于秦、齐的军事强国。

人生没有十全十美的，赵武灵王虽为一国之君，却也难脱此例，他有一桩特别烦心的事，那就是继承人问题。

赵武灵王的第一位正夫人是贤惠的韩国公主，为他生了公子赵章。韩夫人病逝后，赵武灵王把美女吴娃立为正夫人。吴娃也生了一个儿子，就是比公子章小十几岁的公子赵何。赵何出生时，赵章已经被立为太子好多年了，但吴娃的死改变了这一切。

　　吴娃是个薄命红颜，离世时正是青春年华，儿子赵何刚刚九岁。赵武灵王看着命若游丝的娇妻、懵懂伤心的幼子，悲从中来，心如刀割。就在这时，吴娃提出了一个让赵武灵王无法拒绝的请求。

　　吴娃泪眼盈盈，喘息不定，用尽残存的气力，请求赵武灵王立赵何为太子，否则她无法放心离去，死也不能瞑目。想到吴娃短暂不幸的一生，想到吴娃带来的无限快乐，想到还未成年就失去母爱的幼子赵何，赵武灵王一时悲不自胜，答应了吴娃生前的最后一个请求。

　　吴娃死后，赵武灵王怀着非常矛盾的心情兑现了自己对吴娃许下的诺言，废掉了赵章的太子之位，改立赵何为太子，并任命重臣肥义辅佐赵何。

　　赵何聪明伶俐，赵武灵王的确非常喜欢，而赵章也是赵武灵王特别欣赏的儿子，因为他武艺超群，勇冠三军，简直就是父亲年轻时的翻版。所以，赵武灵王在履行改立太子的诺言时，面对手心手背都是肉的两难选择，内心其实是承受了极大压力和痛苦的。

　　对于无辜被废的太子赵章，赵武灵王本来就心怀愧疚，更令他深感不安的是，赵章在被废后毫无怨言，一如既往地孝敬父王，这让赵武灵王情不自禁地想起赵章去世的母亲——温柔贤惠、任劳任怨的韩夫人，从而更加心痛难过，乃至于悔不当初。

赵武灵王毫无疑问是个英雄人物，但他在继承人的抉择上竟然"儿女情长，英雄气短"起来，国家的政治危机，个人的命运生死，就在此时埋下了伏笔。

经过了一番殚精竭虑的思考，赵武灵王终于有了一个两全其美的主意——他要把赵王国一分为二，一半封给赵何，一半赐予赵章，这样，他就是一个一碗水端平、不偏不向的完美父亲了。

然而，赵武灵王的这个提议没有得到赵国重臣们的支持，于是就不了了之了。但是，这个提议却激起了赵章的辅佐大臣田不礼争权夺位的欲望，也重新燃起了赵章本已泯灭的称王之心。

赵武灵王眼见让赵章裂土封王这事儿没了希望，就开始以其他方式来表示自己的悔意，弥补对大儿子的愧疚之情。他更多地与赵章待在一起，允许赵章使用和赵何一样的车马仪仗。

但是，赵章和他的辅佐大臣田不礼已经不满足于这样的小恩小惠，他们要夺回失去的太子之位，继而登上王位。

公元前395年，赵武灵王带着赵章、赵何两个儿子到邯郸城东北一百多里外的沙丘行宫郊游踏青，一场血雨腥风、手足相残的政变就在这时发生了。

田不礼劝赵章先杀死太子赵何，再控制赵武灵王，然后假托赵武灵王之命称王，于是赵章借用赵武灵王的令符请赵何到父亲所在的行宫议事（当时赵武灵王与赵章同居一宫，赵何独居一宫）。赵何的辅政大臣肥义感觉情形不对，就决定自己先入"虎穴"探听虚实，临行前叮嘱赵何如果他不能安全回来，就是发生了变乱，应立即通知公子成与李兑参战。

肥义进入赵武灵王所在行宫后，没有见到赵武灵王，却只见到了赵章和田不礼，他立即知道自己肯定回不去了。赵章和田不礼没有诓来赵何，恼羞成怒，杀死肥义泄愤，随后，再次遣使召赵何前来觐见。

赵何眼见肥义未归，而使者又至，知道变乱已经发生，在从使者口中逼问出肥义已经被害后，赵何当机立断，斩杀使者，宣布赵章叛乱，随后一面率军包围了赵武灵王和赵章所在行宫，一面派人命公子成与李兑带兵前来参与平叛。

赵章和田不礼一直在等待赵何自投罗网，军事上并没有做好充分准备，而赵何早就厉兵秣马严阵以待了，而且还有公子成等人相助，所以赵何的军队很快就占了上风，控制住了局面。

兵败的赵章逃进赵武灵王居住的内宫，赵何的军队迅速将这个宫殿里三层外三层围了个水泄不通，飞鸟难度。赵何的军队对内宫的包围长达三个月之久，最终，名震天下的一代英主赵武灵王被活活饿死在沙丘行宫……

苏秦合纵攻秦的历史真相

众所周知，诸子百家中的纵横家有两个非常著名的代表人物，一个是以合纵而名动天下的苏秦，一个是因连横而为人所知的张仪。然而细读历史，你会发现张仪连横助秦确有其事，苏秦合纵攻秦却要大打折扣，甚至可能完全翻盘。

"头悬梁，锥刺股"在中国是尽人皆知的故事，其中的"锥刺股"说的就是苏秦刻苦攻读的经历。其实，"锥刺股"恰恰是苏秦人生的分水岭，在此之前，苏秦处处碰壁，一事无成；在此之后，苏秦顺风顺水，一路绿灯，可惜最后功败垂成，异国殒命。

如果说孔子是春秋时代第一老师，那么这个荣誉称号在战国时代非鬼谷子先生莫属，而苏秦正是鬼谷子弟子中的佼佼者之一。可是命运并没对师出名门的苏秦另眼相待，青睐有加。相反，他早期的求职经历走的是一条生不逢时、怀才不遇的悲情路线。

从鬼谷子那儿毕业的苏秦曾经先后到周都洛阳、秦都咸阳、赵都邯郸等地游说，希望把自己学到的政治理论付诸实践。但周显王、秦王、赵王都不为所动，给了他一条冷板凳。

遭了冷遇的苏秦身无分文回到家中，想寻求亲情的安慰，可偏偏他全家人都是势利眼，那情形真是"老娘不疼，老婆不爱，哥嫂嫌恶得要拿脚踹"，好在苏秦抗打击能力够强，这才有了"锥刺股"的励志故事。

苏秦发奋攻读的那本书是他在苦闷中碰巧发现的，名叫《阴符》。苏秦感觉书中的道理可以用来说服当时的君主，帮他实现创立不世之功的远大理想，就废寝忘食、不分昼夜地研读起来，困了就用锥子扎一下自己的大腿，以便让自己保持清醒。

苍天不负有心人，苏秦不久就等来了燕昭王千金买马骨，大建黄金台的好消息，于是他千里迢迢地赶到了燕国。

求贤若渴的燕昭王和苏秦一见如故，谈得相当投机，就拜他为总理级别的上卿之职。终于出人头地、苦尽甘来的苏秦从心底里感激燕昭王的欣赏和信任，暗暗决定即使赴汤蹈火、肝脑涂地也要报答燕昭王的知遇之恩。

当时的燕国刚刚经历了"子之乱政"和齐国的入侵，可谓民穷国弱，百废待兴，而燕昭王的老爸燕王哙就在战乱中死于齐军刀下。所以，燕昭王在努力振兴燕国的同时胸中充满了对齐国的国仇家恨。

苏秦了解燕昭王的抱负和痛苦，他为他的主人设计了一个复杂而缜密的报仇计划，并且亲自上阵，充当了其中一个至关重要的棋子。

苏秦的报仇大计分三步走，第一步是实现燕、齐两国邦交正常化，向齐国打开友好交往的大门，就相当于把大象装进冰箱的第一步"打开冰箱门"。

为了报仇，身负国仇家恨的燕昭王主动向齐国示好，把公子襄安君送到齐国做人质，苏秦则作为公子的随从官员一同来到了齐都临淄。

苏秦到了临淄，就开始努力实施复仇计划的第二步——请君入瓮。

请君入瓮本来就是一个艰巨的任务，而苏秦要忽悠的这个"君"真的是个君——当时的超级大国齐国的君主齐湣王。这简直是不可能的任务，但苏秦可不是吃素的，他完全有能力把齐湣王这头大象装进冰箱。

苏秦很快就凭借他的三寸不烂之舌取得了齐湣王的信任，成了肩负两国重任的"国际"要员。初步成功之所以来得如此迅速，一是因为苏秦口才的确了得，二是他复仇计划中的一部分和齐湣王那一年的国家大计竟然不谋而合。

当时，中华大地上虽然正是战国七雄你征我伐、混战一团的铁血苦难时代，但其实在七雄的夹缝里还有几个小国在挣扎求存，比如卫国、鲁国、中山国，还有一直被齐湣王觊觎的宋国。

苏秦知道齐湣王对于宋国的野心，他一面支持齐国对宋国动武，一面游说齐湣王带头合纵攻秦（当时只有齐国可以和秦国抗衡），想借此削弱齐国，让燕昭王乘虚而入报仇雪恨。

齐湣王则有他自己的一套如意算盘，他想通过合纵攻秦这个大型"国际行动"把各国君臣的眼球都吸引到行动总部和秦国那儿去，这样他就可以神不知鬼不觉地把宋国这块肥肉吃到嘴里了。

苏秦游说齐王带头合纵攻秦的目的固然是帮燕国削弱齐国，但如果说他搞的这个"国际行动"完全是个空架子，一点实质意义也没有，那也是冤枉了这位著名的纵横家，要知道，他对秦国是有一肚子怒气的，因为当年他到秦国求职时热脸贴了冷屁股。

为了促成合纵攻秦这项伟大事业，苏秦以燕国重臣以及齐国使者的双重身份，游走于韩、赵、魏、楚诸国之间，最终凭借他如簧的巧舌和特殊的身份赢得了各国国王的信任。于是，六国合纵攻秦的事就这样初步告成了，这才有了后世苏秦"身佩六国相印"的传说。

苏秦如果是个实事求是的人，他应该对着后人高歌一曲：不要疯狂地迷恋哥，哥只是个传说。

合纵攻秦的指挥中心安排在了处于六国中心地带的魏国都城大梁（今河南开封），一来已经衰落的魏国愿意揽这个活儿，想借此恢复一下往日的荣光（战国初期魏国最强），二来这是齐湣王计划中的一部分，他要把全中国的目光都吸引到大梁，以便他去实现自己那不可告人的秘密战争。

合纵攻秦的事并不像苏秦想象得那么顺利。

合纵攻秦的大旗在大梁高高树起来之后，各国陆续派来了大使和军队，大梁周围一时之间人潮汹涌，热闹非常。但热闹归热闹，除了对当地经济有点拉动之外，"攻秦大业"没有一点实质性的进展，因为哪个国家都不想在进兵打仗上当出头鸟。

大梁这一边，为了搞定谁先出兵，六国大使唇枪舌剑，你来我往，展开了一场旷日持久的口水战；临淄那一边，齐湣王派出的精锐部队正在夜行晓宿，无声无息地向千里之外的宋国进发。

　　齐湣王之所以选择宋国作为突袭目标，一来是宋国一马平川，无险可守；二来是宋王偃骄奢淫逸，暴虐无道，弄得民怨沸腾，众叛亲离。结果证明齐湣王的判断是完全正确的，齐军到了宋国后，三下五除二就攻下了都城睢阳（今河南商丘），占领了宋国的大部分领土，把已经延续了近八百年的宋国给灭掉了。但是，从后来事态的发展来看，很难说齐湣王的灭宋决策到底是英明的还是愚蠢的。

　　宋国被灭的消息迅速传播开来，韩、赵、魏、楚四国国王听闻后都恨得牙根疼——好你个齐国呀！这一边忽悠着我们进攻秦国也就罢了，背地里却比秦国还狠毒，竟然把人家宋国给灭了，这真是"是可忍孰不可忍"！正在这时，他们收到了燕昭王发来的紧急白皮书。

　　俗话说"螳螂捕蝉，黄雀在后"，其实早在齐军出发时，苏秦留在临淄的特工人员就把齐国攻宋的情报用他们的方式（也许是快马疾驰，也许是飞鸽传书）传递给了燕昭王，燕昭王一面大力备战，一面给韩、赵、魏、楚、秦五国发去了联合攻齐的白皮书。

　　燕昭王和名将乐毅刚刚将军马粮草准备停当，就传来了宋国被灭的消息，随后燕昭王收到了韩、赵、魏、楚、秦五国的回书，他们都同意联合起来共同讨伐齐国这只不知天高地厚的出头鸟。于是，燕昭王大旗一挥，乐毅率领大军浩浩荡荡杀向齐国，沿途相继有赵魏等国军队加入，力量更加壮大。

六国盟军至此已彻底崩溃，合纵攻秦至此已完全失败，苏秦十万火急地赶回齐国都城临淄，想在齐缗王得到燕军进攻齐国的消息之前带领公子襄安君秘密地离开齐国。

但是，一心要洗雪国耻的燕军行动太快了，他们很快就进入齐国国境，向沿途重镇发起了攻击。战报飞速传到了齐都临淄，刚刚从合纵攻秦总部大梁返回的苏秦还没来得及动身向燕国方向逃走就已经被齐国军队软禁起来了。

因为齐国的精锐部队都被派去袭击宋国了，所以燕军的进攻异常顺利，可谓势如破竹，长驱直入，转眼之间已经逼近齐都临淄。齐潜王大惊，大惊之余也没有忘记让他恨得连牙龈都咬碎了的燕国大特务苏秦，怎么处治这个家伙呢？齐潜王想，一般的死刑简直是太便宜他了，不足以解寡人心头之恨。那么，就像楚国人处治外国人吴起、秦国人处治外国人商鞅那样，给他个车裂之刑吧！车裂之刑就是俗话说的五马分尸。

公元前284年，苏秦被齐潜王车裂于市。不久，燕军占领齐国绝大部分领土，齐潜王逃奔卫国，后转往莒国，同年被楚人惨杀。

苏秦是凭借合纵攻秦留名史册的，但合纵攻秦其实只是他帮助燕国削弱齐国的一个幌子，他自始至终都在为燕国复兴而舍生忘死地奔波忙碌。他之所以如此忠诚于燕国，完全是为了报答燕昭王当年对他的知遇之恩。这正是：

　　　　报君黄金台上意，提携玉龙为君死。

　　　　燕军兵临城下日，苏秦死而后已时。

扁鹊：他不是一个人在战斗

扁鹊是和张仲景、华佗、孙思邈、李时珍等齐名的古代伟大医学家，遗憾的是，笔者发现关于他的几个著名故事都非常的不靠谱，颇有不吐不快之感。

咱们先来看一看扁鹊的生平简介。

扁鹊，嬴姓，秦氏，名越人，又号卢医，一说为河北任丘人；一说为山东长清人，战国时代名医，被称为华夏医祖。扁鹊少时学医于长桑君，尽传其医术禁方，擅长各科。在赵为妇科，在周为五官科，在秦为儿科，名闻天下。相传有名的中医典籍《难经》即为扁鹊所著。

关于扁鹊的行医经历，有三个特别有名的故事，咱们一个一个来辨别一下真伪。

先说大家最熟悉的扁鹊见蔡桓公的故事。

翻阅一下相关历史资料，我们会发现历史上并没有什么蔡桓公，只有蔡桓侯，而且是春秋中期在位的君主，比名医扁鹊足足早了三百年，他们两个是无论如何都不可能碰面的。在扁鹊生活的战国中期，有幸成为他的病人，并且被称为桓公的只有齐桓侯，也称为齐桓公。顺便说一下，这位齐桓公乃是田氏齐国的国君，并非春秋五霸中的齐桓公姜小白。那么，为什么战国时代的齐桓公被以讹传讹变成了春秋时代的蔡桓公呢？可能是因为"齐"的繁体字"齊"和"蔡"字颇为相像，以至于被某个有些地位的马虎先生错看成了"蔡"字！

司马迁在写《史记》中的《扁鹊仓公列传》时，发现了"扁鹊见蔡桓公"这个故事中的矛盾，于是他将蔡桓公改成了齐桓侯，但是他自己却又在"扁鹊诊赵简子疾"这个桥段犯了相似的错误。

司马迁笔下的"扁鹊诊赵简子疾"大体如下，之所以如此说，是因为省略了相当一部分封建迷信的东西。

晋昭公在位的时候，韩、赵、魏等大夫家族实力强大，而国君家族势力日渐衰微。

赵简子担任晋国执政的时候，因为政事繁重不幸病倒了，接连五天不省人事，大夫们都很害怕，于是请来名医扁鹊给赵简子诊治。

当赵简子的家臣董安于向扁鹊询问主人病情时，扁鹊回答说："血脉正常，你不必感到吃惊害怕！从前秦穆公也曾经得过这样的病，七天后就醒过来了。现在你主人的症状跟秦穆公相同，不超过三天一定会痊愈的。"

两天半过去后，赵简子果然如扁鹊所言从昏迷中醒来了。

赵简子何许人也？他就是赵氏孤儿故事中孤儿赵武的亲孙子。司马迁在遭受汉武帝迫害，被施以宫刑的时候，心中应该有着强烈的复仇意识，所以他对复仇成功的赵氏孤儿家族，即赵简子家族，有着特殊的认同感，不但把明显是个传说的赵氏孤儿故事作为历史写进了《史记》，而且在判断"扁鹊诊赵简子疾"这则资料时忽略了两个主人公之间的时间差。

按照目前的研究成果，扁鹊大约生于公元前407年，卒于公元前301年。赵简子的出生年代虽然存疑，但他逝世的时间是确定的，就在公元前475年，即战国时代开始的那一年。于是就有了一个大问题——公元前407年出生的扁鹊怎么可能给公元前475年已经去世的赵简子诊疾呢？这就意味着扁鹊诊赵简子疾这个故事是杜撰的，从故事中的那些封建迷信成分来看，应该是赵国的统治者为了表明他们家族取代晋国建立赵国是天命所归而让人编造了这个故事。

司马迁笔下的另一个扁鹊故事——"虢国太子起死回生"也存在着时间差的问题，而且这个时间差远远大于上面故事中那一个。

扁鹊让虢国太子起死回生的传奇经历是这样的：

扁鹊行医路过虢国都城时，听说了太子死亡的消息，于是他就到王宫门口询问太子的死因，宫内的一个官员回答说"太子暴蹶而死"，扁鹊又问"死去多长时间了"，官员的答复是：今晨鸡叫时猝死，到现在尚未超过半日。扁鹊当即自报家门，并断定他能让太子起死回生。

虢国君主得知名医扁鹊可以救回儿子的命，大喜过望，急忙亲自出宫迎接，并向扁鹊详细讲述了太子猝死前的病情。

扁鹊进一步了解了太子的病情后,告诉国君太子得的是"尸厥"症,随后就用针灸之术给太子医治,太子很快就苏醒过来了,二十天后完全恢复了健康。

大家熟悉的成语"起死回生"即来自扁鹊救治虢国太子的典故,但这个故事在时间上是讲不通的。

虢国是西周时期和东周初期的一个重要诸侯国,而且先后有东西南北四个虢国,但是无论哪一个都不可能和扁鹊发生关系。

咱们先回顾一下四个虢国的历史进程:

周武王灭商后,把他的两个叔叔都封到虢国去做国君了,一个在如今的陕西宝鸡市附近,称为西虢国;另一个位于现在的河南郑州市一带,称为东虢国。

东西两个虢国中先行一步走向灭亡的是东虢,公元前767年被春秋三小霸之一的郑庄公灭掉。东虢灭亡后,周平王把东虢国君家族的一个贵族封到黄河以北的夏阳(今山西省平陆县)建立了新的虢国,历史上称为北虢国。

相比之下,西虢国要坚强一些。周宣王时期,西虢国国君因为讨伐淮夷有功,向东迁到三门峡建立了一个面积大一些的新虢国,因为国都位于黄河南岸而被后世称为南虢国,以便和北虢国相区分。

西虢国东迁时,原地还保留了一个小西虢国,公元前687年被秦国所灭。东迁后形成的南虢国于公元前655年被晋国吞并,北虢国因为国力微弱而长期依附于南虢国,所以它的灭亡比南虢国还要早三年,也是亡于晋国。

一路梳理下来，我们会发现东西南北四个虢国中，无论哪一个虢国的国君和太子都不可能和神医扁鹊发生直接的关系，无论哪一个虢国太子都不可能成为扁鹊望闻问切的对象，更不可能在扁鹊的治疗下起死回生。

　　综上所述，不管是扁鹊见蔡桓公，还是扁鹊诊赵简子疾，亦或是扁鹊让虢国太子起死回生都是在历史上站不住脚的医学故事。如果第二个故事是赵国贵族刻意杜撰的，那么另外两个故事是怎么回事呢？

　　与其像司马迁那样认为蔡桓公是齐桓侯之误，不如这样来解读——在春秋战国时期，扁鹊已经成了名医的代称，给蔡桓公诊疾的是蔡国当时的名医，让虢国太子起死回生的则是虢国彼时的名医。另外，假如赵简子确实接受过扁鹊的治疗，给他看病的肯定是晋国当时的名医。

　　所以，我们不妨说，名医扁鹊其实不是一个人在战斗，他身后是春秋战国时期各个诸侯国的名医们，原名秦越人的那个名医扁鹊只是其中最具代表性的一个。

齐湣王：傲慢的代价

成语故事"滥竽充数"中有三个人物：南郭先生、齐宣王和齐湣王。齐宣王和齐湣王父子在这个故事里的差别可以一言以蔽之，那就是老子热衷于听合奏，儿子却喜欢听独奏。历史上的宣王和湣王之间的不同也能够用一句话来表述——前者是一个喜剧人物，后者则是一个悲剧人物。

话说历史进入公元前3世纪，"战国七雄"已经分化成了三个集团，经济最富的齐国、军事最强的秦国、面积最大的楚国属于第一集团；赵武灵王"胡服骑射"后迅速发展的赵国自己占据第二集团的位置；燕国、韩国和过去曾经强盛、此时已经衰弱的魏国屈居第三集团。这就是齐湣王于公元前301年继位时所面对的"国际形势"，也是历史老人为他提供的政治舞台。

凭借着祖父齐威王、父亲齐宣王创立的业绩，齐湣王一坐上王位就动起了干涉别国内政、夺取别国领土的歪心思。他先是参与韩国的太子之争，得逞后又趁火打劫向楚国勒索东部的五百里土地，最后因为秦昭襄王的干预不了了之，齐湣王觉得这事儿让他在"国际上"很丢面子,于是从心底恨上了秦国。

公元前 296 年,齐湣王派孟尝君率领齐、魏、韩三国联军向函谷关发起进攻,并且成功占据了这个军事重地,秦昭襄王被迫提出"割河东而讲和"。如果齐湣王志向足够远大,他会拒绝秦国的求和,挥师西进直捣咸阳,那么历史可能就会改写。然而,齐湣王不是秦始皇,他被眼前利益的诱惑和报仇得逞的快感所征服,错过了这个一举灭秦的绝好机会。

齐湣王之所以做出这样的选择,也可能和他父亲齐宣王当年对燕国用兵胜而复败的经历有关。那时,燕国发生内乱,齐军乘虚而入,占领了燕国都城,控制了燕国全境。然而,齐军毕竟是外来户,一直立足未稳,两年后竟然被燕国军民连追带杀地赶出了国境,不仅损失惨重,而且颜面尽失。

其实,齐宣王那次用兵的后遗症远不止于此。

赶跑齐军后,燕国军民拥立赵武灵王送回的燕国公子姬职为王,这就是历史上大名鼎鼎的燕昭王。一心复仇的燕昭王其毅力比卧薪尝胆的勾践有过之而无不及。他在乐毅、苏秦、邹衍等人的辅佐下经过二十八年的"生聚教训",终于等到了可以举兵伐齐,一雪前耻的历史时刻。这时候,齐宣王已经撒手西去好多年,父债子还的噩运落到了齐湣王的头上。

公元前 284 年,燕昭王联合赵、韩、魏、秦四国向齐国发起了进攻,志在复仇的燕军在名将乐毅的指挥下势如破竹,所向披靡,很快就打到了齐国都城临淄。齐湣王闻讯带领亲随仓皇出逃,几经辗转后到了卫国都城。

齐湣王是个特别要面子的人，即使沦落到无家可归、寄人篱下的状态，也还是要摆他那大国君主的谱儿，结果没几天就被卫国臣民赶出了国门之外。随后齐湣王一行一路向东到邹国、鲁国寻求政治避难，却都被人家拒之门外，理由自然是"我们这小庙容不下您这尊大神"。最后，和齐国一直关系不错的莒国接纳了齐湣王，与此同时，楚国也不计前嫌派来大将淖齿帮助齐湣王抗敌复国。

后来，齐国的抗敌形势有所好转，齐湣王又飘飘然起来了，对远道而来的淖齿越来越不客气。淖齿是个有野心的家伙，他本来就想和燕国勾结起来平分齐国领土自己称王，怎么受得了齐湣王高高在上、颐指气使的态度呢？结果一怒之下，就把齐湣王送上了不归路。

据说齐湣王死得异常悲惨，他被淖齿挑断了手筋、脚筋，在柴草房里哀号呻吟了几天才痛苦地死去。

我们对廉颇和蔺相如的误读

蔺相如"完璧归赵"，廉颇"负荆请罪"，之后二人"将相和"，共保赵国，抵抗强秦的故事可谓脍炙人口，妇孺皆知，但这些精彩故事中其实有着不少误读。

在我们的印象中，蔺相如是一个中年的文臣，廉颇则是一个老年的将军，实则不然。

让我们先看一看历史资料中对廉颇和蔺相如的简介。

廉颇（公元前327—前243年），嬴姓，廉氏，名颇。晋阳（今山西太原）人，战国时代杰出的军事家，战国末期赵国的名将，与白起、王翦、李牧并称"战国四大名将"。

蔺相如（公元前329—前259年），战国时赵国大臣，今山西柳林孟门人，一说山西古县蔺子坪人。官至上卿，战国时代著名的政治家、外交家。

细心的朋友可能已经发现，廉、蔺两人之中的长者乃是蔺相如，而非廉颇——蔺相如生于公元前329年，廉颇大约生于公元前327年（武将的出生年代往往不确定，这是中国历史上的一个有趣现象），也就是说，大家心目中的老将廉颇竟然比蔺相如年轻两岁。

我们之所以有廉颇比蔺相如年长的印象，大概是因为在蔺相如一鸣惊人之前，廉颇已经以勇猛善战而闻名于诸侯各国了，而后世的戏曲绘画等文艺作品为了凸显廉颇不怕丢面子勇于改过的美德，又特意夸大了廉颇的年龄。

可能有人会认为这种误读和《史记》作者司马迁有关，那可真是冤枉了这位历史大师了，他在《廉颇蔺相如列传》中并无一字体现出廉颇比蔺相如年老。另外，司马大师也并没有写到"将相和"三字，而只是说"（廉颇、蔺相如）卒相与欢，为刎颈之交"。

虽然司马迁没有用"将相和"来描述廉颇、蔺相如之间的友谊，二人之中却真有一个人做过相国，但这个人不是蔺相如，而是廉颇。

公元前283年，蔺相如因完璧归赵被赵王拜为上大夫。渑池会上，蔺相如力挫强秦，为赵国保住了尊严，赵惠文王"以相如功大，拜为上卿，位在廉颇之右"。上卿是政府内的高级官员，大体相当于现在的中央政治局常委，但毕竟不是相国。

蔺相如活动于赵国政治舞台时，赵国的相国主要是赵惠文王的弟弟平原君赵胜。

平原君成为赵相在蔺相如官拜上大夫之前，而他在相国职位上去世则是在公元前251年，即蔺相如去世八年之后。虽然为了笼络"外国"人才，平原君赵胜曾经三次短暂去职，但代替他的分别是乐毅、魏冉和田单，并不是蔺相如。

有趣的是，看似大老粗的廉颇倒是当过相的。《史记·赵世家》

载，赵孝成王十五年（公元前251年）"以尉文封相国廉颇为信平君"。《史记·廉颇蔺相如列传》也说"赵以尉文封廉颇为信平君，为假相国"，假，意为代理的、暂时的。也就是说，廉颇做的是代理之相，那时平原君刚刚去世，由廉颇暂理国政。

所以，我们所熟知的"将相和"的故事实际上称为"文武和"更为准确。

一鸣惊人之后的毛遂

"毛遂自荐"这个成语几乎每个中国人都知道，都会用，但了解其背后故事的人就少得多了，如果要问"一鸣惊人之后的毛遂怎么样了？"知道答案的人恐怕更是少而又少了。

毛遂自荐是在公元前 257 年。

就在这一年，秦军包围了赵国都城邯郸，邯郸岌岌可危。作为"战国四公子"之一的平原君赵胜（另外三位公子是孟尝君田文、信陵君魏无忌和春申君黄歇）门下三千食客中的一个，毛遂凭借自己的勇气、智慧和口才在使节选拔会上自我推销，脱颖而出，最终得到平原君的荐举，获得赵孝成王的许可，和另外十九人承担起了出使楚国联楚抗秦这一光荣而艰巨的任务。

在楚国的朝堂上，毛遂以威武不屈之气、三寸不烂之舌成功地说服楚王绝秦联赵，合纵抗秦，一时之间名闻天下，赢得了"三寸之舌，胜于百万之师"的美誉，后被赵王授予谏议大夫之职。

合纵成功之后，楚王派遣春申君黄歇率兵八万去解邯郸之围。魏国的信陵君也依靠盗来的兵符，率领十万大军来救赵国，秦军迫于形势亦只得解围退兵，邯郸城终于避免了又一出"杀人盈城"惨剧的发生。

第二年，即公元前256年，燕国趁赵国大战方停元气大伤之机，派遣大将栗腹攻打赵国。

派谁挂帅出征以御强敌？赵王便想起了敢于自荐的毛遂，欲提拔毛遂为帅，统兵御燕。毛遂听到这个消息，大吃一惊，赶忙到赵王那里去，不是去"推荐"自己，而是去"推辞"自己：不是我怕死，是我德薄能低，不堪此任，我可披坚当马前卒，不能挂袍任率印官。如是，则上可保国之江山社稷，中可保您知人之明，下可保我毛遂不为国家罪人。当年自荐，意气风发；此时自辞，何其乃尔？一个毛遂，判若两人，简直让人难以置信。赵王很是不解：先生去年自荐，才情高迈，真伟丈夫；如今脱颖而出，正是建功立业之时，怎么忸怩如小女子？毛遂说："寸有所长，尺有所短，骐骥一日千里，捕捉老鼠不如蛇猫。逞三寸舌我当仁不让，仗三尺剑实非我能，岂敢以家国安危来试验我之不才之处。"按说，毛遂此话说得入情入理，但赵王却为了展示自己求贤若渴，怎么也不听毛遂之言，硬是要他挂帅迎敌。

一个靠嘴皮子干活的人，哪里是人家拿枪杆子的对手？尽管毛遂身先士卒，冲锋陷阵，但也无法抗敌，落得个一败涂地。被赵国精心树立起来的"人才"榜样，是这么个样子，有何面目回去见"江东父老"，除了以死谢罪，别无他途。于是毛遂避开众人，到一个山林子里，拔剑自刎，鲜血淋漓地倒在"毛遂自荐"的神话里。

关于毛遂的人生归宿，还有一种笔者更愿意相信的历史记载。公元前251年，平原君赵胜卒，由于受他人排挤，毛遂多次劝谏均不被赵王采纳，一气之下，辞官回老家巨鹿（今鸡泽毛官营一带），后又迁居于漳滨。二十年来，他和该村百姓关系处得十分融洽。公元前230年，鸡泽大旱，庄稼颗粒无收。其他村子的百姓们只好背井离乡，靠乞讨为生。此时的毛遂慷慨解囊，散尽家财，救济全村百姓，乡亲们才度过这灾荒之年，无一外迁。公元前228年，秦国灭赵国，向北推进的过程中，在滏阳河北岸遇到了赵国政府军和鸡泽民众联军的奋勇抵抗，秦军伤亡惨重。就是在这次战斗中，爱国爱民的毛遂"血洒滏阳河北岸"，慷慨捐躯。

屈原的人生为什么注定是个悲剧

历史中，伟大的爱国诗人屈原是因为得不到楚王的信任，才最终在郢都被秦军攻破之后投汩罗江自尽而死的。殊不知，即使楚怀王一直像当初那样非常欣赏、十分信任屈原，屈原的兴国大业也注定会走上失败的道路。

为什么这么说呢？此话要从战国后期的两大战略说起。

战国后期的第一强国无疑是西方的秦国，但是，您知道在战国初期这个荣誉属于谁吗？答案应该会让很多人大跌眼镜——魏国。魏国强大之后，最先瞄准的目标就是与其相邻的秦国，而且最终完全攻占了秦国的西河地区。秦国在魏国的威胁下生存了半个多世纪，直到公元前4世纪中期，秦孝公任用商鞅变法取得成功后情况才有了变化。兵强马壮的秦国对魏国展开了复仇之战，不但夺回了西河之地，还继续向河东进军，逼得魏国把都城彻底迁到了远离秦魏边界的大梁。

和当年的魏国相比，秦国的胃口可是要大得多，它不仅跟魏国算清了旧账，还对另外几个邻国虎视眈眈，必欲得之而后快。在这种情况下，被秦国打得心有余悸却又颇不甘心的魏国打出了合纵抗秦的旗号，代表人物是惠施和公孙衍。

这个惠施不是别人，正是以和庄子论"子非鱼，安知鱼之乐"而为人熟知的那个惠施，此时他正在魏国为相。惠施主张魏国联合齐、楚两个大国一起对抗秦国的东侵，并建议齐、魏两国互尊为王，向早就自封为王的楚国看齐。齐国的确如惠施所愿和魏国化干戈为玉帛了，但并不肯出兵帮魏国抵抗秦国的进攻；而楚国更是不讲义气，以不满魏国太子为借口向盟国发起了进攻。魏惠王既失望又愤怒，心里的天平立即从惠施的合纵，偏向了张仪提倡的连横。于是，惠施罢相，张仪上位。

张仪虽然是魏国人，实际上却是秦国派到魏国的卧底，他的连横战略完全是为秦国服务的，简而言之就是秦国拉拢关东六国中的一个打另一个。张仪的第一次连横实验把魏国作为"一个"，把齐国作为"另一个"，结果却因为齐国太强而失败了。魏国和齐国山水相连，而秦国却远在关西，所以秦、魏联军吃了败仗就意味着魏国面临强敌入侵的危险。魏惠王是个绝对不吃眼前亏的人，为了挽回齐国的好感，他赶跑了连横的张仪，把合纵的公孙衍推上了相位。

公孙衍和张仪是几辈子的死对头，他一上台就紧锣密鼓地展开了联合韩、赵、楚、燕四国攻打秦国的国际军事行动。这次五国伐秦在当时引起了很大的轰动，五国联军浩浩荡荡打到函谷关前时，天下人都以为五国志在必得，秦国危在旦夕，结果却着实地出人意料，秦国一发起反击，就给了魏军一个大大的下马威。其他四国见状竟然没有派兵救援，而是纷纷撤军一哄而散了。秦国却不肯就此罢休，在樗里疾指挥下乘胜追击，一路东进，杀得联军死伤惨重，一直深入到了中原腹地。

公孙衍导演的合纵攻秦遭受重创后，张仪又发起了新一轮的连横运动，这次他没有让秦惠文王失望，成功拆散了对秦国威胁最大的齐楚联盟。此后，秦军在丹阳大败楚军，夺得了连接巴蜀和关中的汉中之地，强大的楚国元气大伤，一蹶不振。

这个时候，屈原已经因为小人的诬陷而失去了楚怀王的信任，从位高权重的左徒变成了清闲无权的三闾大夫，他主持的变法事业和他提倡的合纵运动当然也就以失败收场了。楚怀王意识到自己上了张仪的大当后，又想起了屈原的连齐抗秦政策，于是，屈原被任命为大使到齐国重修旧好。胆大心黑的张仪得到消息后又一次来到楚国，并且又一次把楚怀王给忽悠了，结果齐、楚复交告吹，秦、楚订立了"黄棘之盟"。张仪的连横行动第二次取得了成功，屈原的合纵路线再一次遭遇了挫折，屈原后半生的流放生涯就是从这时开始的。

如果没有南后郑秀、上官大夫靳尚和令尹子兰等宵小之辈的攻击诬陷，如果没有张仪一次又一次千里迢迢地跑到楚国来诱骗楚怀王，如果屈原和楚怀王之间的关系一直像开始时那样如鱼得水，互相欣赏，屈原的合纵政策会不会像张仪的连横策略一样走上成功的康庄大道呢？

答案是否定的，因为合纵是与当时的历史潮流相逆的，而连横则顺应了战国后期的天下大势。

为什么这样说呢?

俗话说:天下大势,分久必合,合久必分。从春秋初期就已经开始的诸侯混战到战国后期时已经持续了将近五百年,历史老人的脚步势必将朝着天下一统的方向前进。那么,合纵和连横这两大战略中哪一个有利于统一大业呢?

连横的核心是秦国联合一个诸侯国打击另一个诸侯国,这就意味着它是完全为秦国的统一大业服务的,是符合当时历史趋势的。当然统一大业是从秦国和后世角度而言,对于关东六国来说,秦国的统一就是侵略;相比之下,合纵的宗旨是关东诸侯国联合起来对抗强秦的蚕食鲸吞,也就是说它的服务对象是关东的六个大诸侯国,它的目的是维持现有的分裂割据局面,和彼时的历史大势是背道而驰的。

尽管屈原是个典型的君子,张仪是个公认的小人,但有利于统一大业的不是屈原支持的合纵,而是张仪主张的连横。

屈原诚然是一个伟大的爱国者,但不幸的是他所坚持的合纵战略和他所处时代的历史大势是不相符的,这就注定了他的联齐抗秦事业无论如何也不能够取得最终的胜利,这应该也是造成他悲剧命运的一个不可忽视的因素。

一个梦让他流芳百世

公元前298年，楚国发生了两件大事，第一件在当时就已经天下为之一惊，四海为之震动——面积最大诸侯国的君主楚怀王被实力最强诸侯国的君主秦昭襄王骗到武关，继而遭到软禁。国不可一日无主，楚怀王的太子熊横仓促中在郢都登上了王位，这就是历史上的楚顷襄王，也称为楚襄王。另一件在当时风平浪静，波澜不惊，日后却是中国文化史上的盛事——先秦辞赋大家、古代四大美男子之一、与大诗人屈原并称"屈宋"的宋玉在楚国中部的鄢邑呱呱坠地。

楚襄王在公元前298年即位成为君主，宋玉在公元前298年出生，二人好像注定会在历史上结下不解之缘。

宋玉成年后非常幸运地拜在屈原门下求学，很快凭借着出众的才华和俊秀的外表声名鹊起，堪称一时之杰。楚襄王对宋玉这样才貌双全的人才自然是"必欲得之而后快"的，于是，宋玉就来到襄王身边做了陪王伴驾的臣子。

一天，楚襄王在宋玉等臣子的陪同下来到天下第一大湖云梦泽游玩。当他们在云梦台小憩时，宋玉给襄王讲了这样一个充满传奇色彩的故事：先王当年在此地游览时，因为疲乏在云梦台上睡着了，梦中见到了一位美丽动人的女子，自称是巫山之女，愿意献出自己的玉簟香枕给先王享用。先王知道巫山神女弦外有音，立即跟随她到洞天福地宠幸了她。临别之际，巫山神女告诉怀王，如果他再想见她，就到巫山之阳相会，她"且为朝云，暮为行雨，朝朝暮暮，阳台之下"。

楚襄王听了宋玉的故事，对"先王"羡慕得不得了，立即决定在云梦台住下来，期待着自己在梦中与"先王"一样幸运地一近巫山神女之芳泽，给后人留下一个新的美艳传说。

要说楚襄王也真够幸运的，他居然很快就如愿以偿地在梦中见到了日思夜想、念念不忘的巫山神女，神女"其状甚丽"，令襄王如醉如痴。但对于襄王来说，万幸中的不幸是巫山神女一直钟情于当年的"先王"，对他这个楚王一点也不感冒，"以礼自持，凛然难犯"，结果搞得楚襄王愈发的不能自持了，竟然一把鼻涕一把泪地乞求神女满足他的愿望。这样的男人凡间女子也不会青眼相加，何况人家是天上神女呢！最后的结局可想而知——巫山神女"挥手自兹去"，楚襄王"萧萧斑马鸣"，这才有了"襄王有梦，神女无心"这句话。

虽然楚襄王没有得偿所愿，客观上却让自己的名字成功地傍上了巫山神女之名，此后事态的发展则越来越让他欣喜不已——人们慢慢忽略了"襄王有梦，神女无心"那个叫他万分尴尬的事情，同时牢牢记住了襄王曾经梦见巫山神女的经历。最后，这个故事传来传去居然被很多人误传成了楚襄王和神女在云梦台一见钟情，共赴云雨。

东晋权臣桓温曾经说过这样一句话："既不能流芳百世，不足复遗臭万载邪！"本来他是可以凭借堪称辉煌的战功万古流芳的，最后却因为对权势的贪婪沦为了备受批判的白脸奸臣，而毫无功业可言，几乎一无是处的楚襄王却因为对巫山神女的追慕阴差阳错地成了巫山云雨的主人公从而流芳百世了……

历史在这儿又一次显示了它的吊诡奇谲。

大周覆亡：现实版的蜗角传奇

大思想家庄子在《庄子》一书中曾经为我们描述了这样一个神奇而可笑的故事：在蜗牛的左触角上有一个国家叫触氏，在蜗牛的右触角上有一个国家叫蛮氏，这两个小国经常为了争夺土地而发生战争，动辄伏尸数万，血流成河……

我们为庄子丰富的想象力努力鼓掌的同时，千万不能忽视了这个传奇小故事所蕴藏着的深刻批判精神。在庄子生活的时代，诸侯国之间的"国际战争"此伏彼起，连绵不绝，有时甚至像家常便饭一样，一天就有好几场，他笔下的蜗角传奇正是被这样残酷血腥的现实激发出来的。

假若把齐、楚、燕、韩、赵、魏、秦等"战国七雄"之间的土地争夺战说成蜗角传奇，那可能有些许夸大之嫌，但如果将东周覆亡的悲喜剧比作蜗角传奇，那肯定是恰如其分。

众所周知，周朝是一个实行诸侯分封制的朝代，作为天下共主的周天子实际控制的土地极为有限。到周考王公元前441年坐上王位时，在魏国、韩国和秦国的蚕食鲸吞下，周天子直辖的地区已经缩小到了都城洛邑（今河南洛阳）及其周围的两三个县。但是，周考王好像还嫌自己的领地不够小，他在即位的第二年就发布了一个让人匪夷所思、大跌眼镜的诏令。

公元前 440 年，周考王把黄河以南的直辖领地分封给了他的弟弟姬揭，以便继承周公的官职，这样一来就等于周天子实际控制的土地又少了一半。至于周考王为什么要冒着为天下笑的风险这样做，历史没有给出一点蛛丝马迹，我们在此就暂且不凭空猜测了。

新封的周公国已经小得不能再小了，但是，后来竟然又被分成了两个更小的国家。

周公国的第三任国君惠公在位的时候，他的弟弟姬根在韩共侯和赵成侯的暗中支持下向哥哥发难了。姬根在周公国东部的巩邑自立为君，和哥哥惠公唱起了对台戏，惠公虽然不怕弟弟，但他怕弟弟背后的韩、赵两个强国，也只得默认了新君、新国的存在。于是，蕞尔小国周公国一分为二为两个蜗角小国，西边的叫西周国，东边的叫东周国。

周公国的内讧事件发生在公元前 367 年，这时候在位的周王是周显王，他是周考王的儿子。

东周国背后有韩、赵二雄撑腰，便总是向西周国寻衅滋事。西周国虽然既没实力又没后台，可是也不能让从自己这儿分裂出去的东周国随便欺负呀。于是，两国之间隔三岔五就要搞一场小型战争，经常闹得鸡飞狗跳，乌烟瘴气，让老百姓们不得安生。奇怪的是，每次这两个小国发生战争，倒霉的都是夹在它们中间的周天子，不管是东周国胜了还是西周国赢了，吃了败仗的一方都会把斗争的矛头转向比它们更没有实力的周王，从他那儿抢占一些土地和百姓作为对自己的补偿。一碰到这种情况，周天子就想找个地缝钻进去以免被他们找到，可他直辖的公田和民众还是越来越少了。等到周显王的孙子周赧王在位的后期，他真正能够管理控制的财产只有一座宫殿和洛阳城外那百八十亩供他一家人活命的公田了。风调雨顺时还好说，一旦遇上灾荒，尊贵的周天子就得像难民一样到处讨饭吃。一国之君混到这个份儿上，固然可笑，但更多的是可悲。

更为可笑的是，西周国和东周国这两个蜗角小国除了互相掐架和欺负周天子之外，还热心于合纵伐秦的"伟大"事业。它们也知道凭自己那点儿实力攻打秦国绝对是蚂蚁撼大树，无论如何也成功不了，于是就跟在齐、楚、燕、韩、赵、魏等大国屁股后面摇旗呐喊，擂鼓助威。

两个小国的国君本来打的是这样的如意算盘：如果胜了，就分一小杯羹喝喝；如果败了，人家秦国也不会和它们这敲边鼓的小国一般见识。但秦国是不按常理出牌，而且贪得无厌的主儿，多么大的土地他也敢要，多么小的土地他也不嫌，打败了多国部队的联合进攻后，他向两个蜗角小国张开了报仇雪恨的血盆大口。

西周国离秦国较近，而且没有后台，首先遭到了秦国的报复。秦国的大军还没到西周国，西周国君就吓得带着厚礼和地图日夜兼程跑到秦都咸阳谢罪去了，秦昭王见他已经献上了可怜巴巴的全部家当——三十六个乡镇，三万人口，也就没有为难他，接受了土地、百姓后，让他回天子周赧王身边继续做臣子。

西周国被灭发生在公元前256年，就在这一年，做了五十九年受气天子的周赧王驾崩了，这位整天东躲西藏，缺吃少穿的史上最穷帝王终于彻底解脱了，延续了八百年的大周朝也从理论上寿终正寝了。为什么这么说呢，因为东周国还在。

东周国有韩国和赵国做后台，因此得以在西周国被灭后又苟延残喘了七年。公元前249年，秦国灭掉了东周国。虽然两个蜗角小国的土地面积小得不值一提，但却给秦国在函谷关以东的发展提供了立足之地，秦国在十九年后能够成功发动扫灭关东六国之战应该和这个小根据地的获得不无关系。

秦朝西楚

秦始皇其实并不懂创新

听到秦始皇败在不懂创新这个说法，肯定会有很多人站起来表示反对，大家会举出秦始皇统一文字、统一度量衡、实行郡县制、修建万里长城等作为反证。实际上，这些作为之中也就统一文字有点创新的意思，其他的都是拾人牙慧，吃别人嚼过的馒头。

秦朝的万里长城是在秦、赵、燕三国长城的基础上拼接而成的，虽然花费了大量的人力、物力，把长城向东抻到了辽东，向西扯到了临洮，凑够了一万里，但实在算不上什么创新。

从秦始皇时代往前穿越一百三十年，到秦孝公执政时的秦国走上一遭，你会发现实行郡县制、统一度量衡也并非秦始皇首创。

公元前350年，商鞅在秦孝公的支持下进行了第二次变法运动。

在此之前，秦国各地度量衡不统一，为了保证政府的赋税收入，商鞅制造了标准的度量衡器通行全国。从传世的"商鞅量"可知，商鞅规定的一标准升约合现在的零点二升，一标准尺约合现在的零点二三米。此外，商鞅还统一了斗、桶、丈、权（即秤砣）、衡（即秤杆）等度量衡单位，要求秦国人严格执行，违者依法重罚。

第二次变法在政治方面的重大改革是废除分封制，"集小都乡邑聚为县"，以县作为地方行政单位。当时的秦国总共分成了三十一个县，每个县由一把手县令主持县政，另设县丞辅佐县令，设县尉掌管军事。

后来，秦国在新占领的地区设立了郡一级行政单位，郡的管理范围比县要大，又有边防军管性质，因此郡的长官称为郡守。再后来，郡内形势逐渐稳定下来，郡守的主要职责便从军事转向民政，并且在郡下设立了若干个县，这就是秦始皇统一六国后实行的郡县制的前身。

秦始皇的缺少创新不仅仅体现在政绩上，就连他的错误行为也充斥着墨守成规、不求改进的消极色彩。

大家都知道，秦始皇推行以连坐和族诛为代表的严刑峻法，以至于囚犯遍地，民怨沸腾。连坐就是一家犯法邻里连坐，族诛则是一人死罪诛及三族，前者的始作俑者仍然是商鞅，后者是商鞅的敌人秦惠公报复他时采取的酷刑，秦始皇统一六国后"兼容并蓄"，一成不变地继续沿用。

焚书坑儒是秦始皇的一个重要身份代码，也足以把他捆在历史的耻辱柱上而不得翻身，但这也并非他的"创举"，开此滥觞的还是商鞅。为了禁止人们是古非今，商鞅在第一次变法时就发布了焚烧儒家著作的法令，不仅极端压制了人民的思想自由，而且对文化典籍造成了严重摧残。

秦始皇在很多方面沿用了商鞅的变法措施，而且他盲目自信，无所不用其极，根本没有想过战乱之后的老百姓需要什么样的政府，更没有想过改弦易辙、革故鼎新，发布施行与民休养生息的明智政策。结果，天下大乱，二世而亡，代代相传以至万世的梦想沦为永垂不朽的千古笑柄。

爱国者赵高

一提起赵高，我们就会想到成语"指鹿为马"。

"指鹿为马"的故事是这样的：秦始皇的儿子秦二世在位的时候，从太监飙升为丞相的赵高想造反，又怕大臣们不附和，就先试探一下。他把一只鹿献给傻皇帝，说："这是一匹马。"可秦二世还不至于傻到连马和鹿也分不清，他笑着说："丞相你搞错了吧，把鹿说成马了。"接着，他问旁边的大臣，大臣们有的不说话，有的说是马，有的说是鹿。事后赵高就暗中把说是鹿的人都杀害了。

赵高的专横跋扈、阴险毒辣在鹿和马的混淆、是与非的颠倒中一览无遗。

毋庸置疑，在秦朝灭亡这盘棋中，赵高是一枚非常关键的棋子。但是，作为大秦的丞相，赵高这枚棋子不但没有阻止秦朝走向灭亡，反而加速了这个过程。他的私欲和野心固然是一个重要因素，而他的国籍和出身也是一个不容忽视的方面。

赵高并不是土生土长的秦国人，而是赵国人，而且是响当当的贵族。秦始皇灭亡赵国时，赵高被俘，更为不幸的是，他最终沦为太监。依照赵高的性格和品行，他不可能在国破家亡之时像三闾大夫屈原那样沉水自尽而逝，也不可能效仿商末的伯夷、叔齐不食周粟而死，但他却和他们一样一往情深地怀念着自己的故国。

赵高没有悲壮地死去，他屈辱地活了下来，因为在他心中，仇恨战胜了哀伤，他要为赵国报仇，为自己报仇。

虽然赵高内心对秦朝充满了刻骨的仇恨，但他表面上却对秦始皇满面含笑，恭顺有加，取得了后者的绝对信任，并一步一步掌握了秦朝宫廷的主动权。

赵高深知秦始皇不是省油的灯，所以他一直未敢大动干戈。秦始皇病死之后，这个大太监就浓妆艳抹地登上了政治舞台。他勾结当时的丞相李斯假借始皇遗诏逼死了太子扶苏和大将蒙恬，而后立始皇少子胡亥即位，这就是历史上有名的昏君秦二世。随后，赵高残忍地杀害了秦始皇所有的公子、公主，以发泄自己对秦朝蚀骨镂心的仇恨。后来，他和李斯争权夺利闹起内讧，就借秦二世之手毫不留情地除掉了曾经的同盟者，并且日日夜夜谋划着夺取皇帝独一无二的大权。后来，赵高一不做二不休，杀死了这个傻皇帝。

在赵高的疯狂折腾之下，本来已经江河日下的秦帝国离灭亡越来越近了。

不可否认，赵高是个坏人，但他骨子里在某种程度上是个爱国者，恰好像一颗赵国在灭亡之前发射到秦国的"爱国者"导弹。尽管赵高没有亲眼看到秦朝的灭亡，但他肯定尝到了把敌国推入墓道的快感。赵高刚死，秦朝就在农民起义的洪涛巨浪中土崩瓦解了。

孔子的孙子很生气

在人们的印象中，孔子是"君君臣臣父父子子"的代言人，他的后人在封建社会都是以维护皇帝利益为己任的，如果孔子的子孙后代中有人参加起义军，造皇帝的反，大家肯定会觉得匪夷所思，但这样的事情在历史上真就发生了。

话说公元前 209 年，陈胜、吴广在蕲县大泽乡（今安徽宿州市南）揭竿为旗，斩木为兵，掀起了推翻秦朝残暴统治的秦末农民大起义。消息很快传到了离蕲县并不算远的鲁国故都曲阜，曲阜城里的一个中年知识分子闻听此事不由得欣喜若狂，把两只手都拍红了，这个人不是别人，正是大圣人孔子的第八代孙孔鲋。

要说这孔鲋也确实是个不一般的人物。

首先，他的名字就很与众不同——姓孔，名鲋，字子鱼，又字甲，好像他怎么绕也绕不过鱼这个动物，实际上这也是有遗传基因的，因为他的二世祖，即孔子的儿子，就叫孔鲤。顺便说一下，鲋鱼就是大家熟悉的鲫鱼，至于孔鲋的爸爸为什么以鲫鱼给儿子命名，待考。

孔鲋之所以不一般，还在于他曾经冒着杀头的危险拯救了一大批文化遗产。

　　那时正是秦始皇"焚书坑儒"的白色恐怖时期，孔鲋听说暴君嬴政和奸相李斯下令要把民间除了医药、卜筮、种树之外的书全部付之一炬，不由得心中对这君臣二人的愚民政策充满了愤怒，可是光愤怒没有用呀，得找个地方把孔子等老祖先留下来的宝贵遗产藏起来呀。孔鲋想来想去，终于想到了一个好地方，于是，他把《尚书》《诗经》《论语》等几十部儒家经典著作藏在了一般人想不到的墙壁之中，然后，就收拾行李到千里之外的嵩山隐居起来了。

　　"焚书坑儒"的飓风刮过去后，秦始皇又想让儒生们给他的上朝出行制定新的礼仪规范以壮大自己的声威气势，就下圣旨召孔鲋进京陪王伴驾。孔鲋对"焚书坑儒"的暴行犹自不能释怀，以年老多病为由让弟子叔孙通代他到咸阳去拜见秦始皇，这个做法当然也是冒着极大风险的，好在当时秦始皇已近知天命之年，脾气不那么暴烈了，所以并没有派人来找孔鲋的麻烦。

　　秦始皇在公元前210年驾崩后，秦二世继位当了皇帝，不但没有一点改弦更张、施恩于民的样子，而且在赵高的怂恿下越发的奢淫暴虐，这让和老祖先孔子一样主张仁政爱民的孔鲋彻底出离愤怒了，接下来就有了孔子的第八代孙投笔从戎，举起造反大旗的历史传奇。

　　出身贫苦雇农，没有读过什么书的陈胜对孔鲋的到来表示了极为热烈的欢迎，任命他为博士并让他参与军事决策。虽然孔鲋全心全意、舍生忘死地为农民起义事业的胜利而努力奋斗，但陈胜起义军后来遭遇了战神级的猛将章邯，而自己这一方又没有项羽、韩信那个档次的名将，结果自然只能是悲剧的——孔鲋在一次惨烈的战斗中不幸被敌军剑戈刺中，为反抗秦朝暴政流尽了最后一滴血……

孔鲋作为一个出身儒学家庭的知识分子，为了救民于水火毅然决然放弃了"君君臣臣"的信仰，投身于伟大的农民革命运动并为之英勇献身，这在中国历史上是空前绝后的，同时也是值得大书特书的。

孔鲋虽然牺牲了，他藏在墙壁中的那些儒家经典却完好无损地保存了下来。五十多年后（公元前154年左右），人们拆除孔子旧宅时在墙壁中发现了孔鲋所藏之书，当时那些书已经成了世上独一无二的孤本，为挽救先秦文化，特别是儒家文化提供了极其重要的根据,这就是历史上著名的"鲁壁出书"事件。后世有一首《咏鲁壁》诗是这样歌颂孔鲋藏书之功的——蝌蚪出从古壁中，至今大地书文同。秦人遗下六经火，三月咸阳焰尚红。

陈胜王之死

公元前209年，陈胜、吴广在蕲县大泽乡（今安徽省宿州市刘集村）斩木为兵，揭竿为旗，点燃了秦末农民起义的熊熊烈火。

陈胜、吴广领导的起义军很快就攻克了大泽乡和蕲县县城，接着陈胜派葛婴率兵向西进军。葛婴是个杰出的军事人才，在他的指挥下，起义军陆续攻占了豫东皖北的大片土地。

当起义军浩浩荡荡地进入陈县（今河南省淮阳县）时，已经拥有了六七百辆战车、一千多骑兵、几万步兵了。

陈县曾经是楚国的都城，而且和陈胜好像挺有缘分，因此，陈胜在这里起了称王建国的念头。他召集当地的三老和各界人士代表开会，向各家暗示了自己的想法，结果就如他所预料的那样，大家都一致拥戴他为王。于是，他就顺应民意，自立为王，建国号为张楚，取"在楚国故都张扬楚国"之意。同时，他封吴广为假王（恰如传统戏曲评书中的一字并肩王），让蔡赐担任主管军事的上柱国（相当于国防部长），任命孔鲋为可以参政议政的博士，一个小朝廷已经粗具规模了。

一旦称王，陈胜自负狠毒的性格就成了从囚笼中破门而出的恶虎。

第一个死于虎口的是葛婴。

葛婴带兵攻下东城之后，下了一招错棋——他把楚王室的一个后人襄疆立为楚王，因为当时关东六国灭亡的时间不长，很多人都有复兴六国的念头。陈胜称王的消息传来后，葛婴立刻废掉了襄疆并向陈胜做了汇报，但陈胜不依不饶，怀恨在心，还是将这个优秀的军事将领杀害了。

陈胜的许多亲朋好友听说他成了"张楚王"，都赶来投奔他，其中就有他的岳父。对于泰山老丈人，陈胜表现出了不论亲疏、一视同仁的优秀品质，将他与一般宾客一样对待，见面时只是深施一礼，并不下拜。偏偏这老爷子是个极重礼数之人，当场就生气了，做出了不吉的预言："陈胜，你擅自称王，倨傲长者，一定不能长久！"说完拂袖而去。

陈胜的岳父很受伤，他撂下那句话走啦，而陈胜的一个好朋友却因为留下来而付出了生命的代价。

这个朋友是陈胜在当雇工给人耕田时结交的，他听说陈胜称了王，便怀着"一人得道，鸡犬升天"的美梦路远迢迢地跑到了陈县。一番周折之后，他终于如愿以偿地见到了老相识陈胜，并被带入宫中。

一进宫，这个人就对着壮丽殿宇、豪华陈设大发感慨："好阔气呀！你陈涉竟然有这么大的宫殿呀！"后来这个人越来越随便，经常给人们讲陈胜当雇工时的事。陈胜觉得自己的伟大光辉形象遭到了破坏，就把这个打工时的朋友杀死了。

这个朋友固然有做得不对的地方，但陈胜也忒狠毒了些，实际上，他的性格在称王之后已经被权力扭曲得变了形。

随着陈胜派出的各路大军攻城略地，所向披靡，先后占领了河南、河北大片土地，并且向西一直打到咸阳附近。他喜欢阿谀奉承，对人猜忌多疑的性格也完全暴露出来了。

陈胜最信任的是两个擅长溜须拍马、吮疮舔痔的小人，分别唤作朱防、胡武，这两个家伙一个做中正，一个当司过，专门负责监察文武百官。对于其他文臣武将，陈胜却毫无信任可言，这就更加助长了朱、胡二人的嚣张气焰。外出打仗的将领们回到陈县汇报情况时，朱防、胡武作威作福，滥施淫威，不听从其命令的就投入监牢治罪，甚至杀死泄愤。

在这种情况下，文武百官，特别是军事将领们越来越不拥护陈胜，离他越来越远了。

性格发生变异的还不仅仅是陈胜，吴广也和以前判若两人。

起义之前，吴广一向爱护别人，戍卒们都愿意听他使唤。定都陈县后，吴广变得骄横狂妄起来，他不懂军事，却一味地瞎指挥，谁的建议也听不进去。最终，他手下的将领田臧等人受不了了，就假称陈胜王的命令把吴广杀死，将其首级献给了陈胜。

不知是因为狂妄自大而对"兔死狐悲"失去了感觉，还是被西征军兵败、周文自杀的消息吓昏了头，还是因为田臧是自己的嫡系，反正陈胜没有追查田臧的责任，而是赐其令尹（相当于丞相）之印，任其为上将军。田臧虽对陈胜忠心耿耿，无奈本事不强，命运不济，在敖仓（今河南郑州西北）遭遇战神章邯后兵败身死。章邯乘胜追击，先后攻占郏（今河南郏县）、许（今河南许昌）等地，很快便兵临陈县城下。

主管军事的上柱国蔡赐率军出城迎战章邯，不幸被杀；义军将领张贺出战，兵败而死。在这种情况下，陈胜不得已退出陈县，寻找安身之地，没想到却被自己人射出的一支暗箭夺去了性命。

射出这支暗箭的就是他的车夫庄贾。作为陈胜的专职车夫，庄贾肯定和主子关系非同一般，甚至非前文提到的朱防、陈武那两个奸臣可比。可是，在生死攸关的时刻，庄贾这个车夫杀死了自己的顶头上司，向章邯举起了白旗。

大名鼎鼎、不可一世的陈胜王就这样窝窝囊囊地死在了一个小车夫的手里，真可谓"曾经重如泰山，死得轻如鸿毛"，令人哀之叹之，不胜感慨之至。

舜·楚霸王·王莽

应该说司马迁的眼光还是非常独到的，他注意到了项羽和舜的两个共同之处：其一，双瞳；其二，兴之暴也（兴起得非常突然），以至于发出了"羽岂其苗裔邪（项羽难道是舜的后裔吗）？"的感叹。但其实，项羽和舜不仅在"其兴也勃焉"上相似，而且都经历了"其亡也忽焉"的历史悲剧。

项羽固然是楚国贵族，名将项燕的亲孙子，固然是"力拔山兮气盖世"的大英雄，固然是能征惯战、所向披靡的战神，可他建立的西楚王朝满打满算只存在了四年的时间，堪称中国历史上最短命的王朝。

和项羽相比，舜的王朝尽管是"大巫见小巫"，却也好不到哪里去。

按照《史记》记载，舜是在五十岁时正式登位的，八十九岁时将君主之位"禅让"给禹，总共在位三十九年。这个时间对于一个帝王来说不能算短，但对于一个朝代而言就不能算长，而舜的在位年数恰恰就是他创立的虞舜王朝的存在年数，这正是舜的悲剧，也是项羽和王莽的悲剧所在。

为什么我们讲所谓禅让制时，只说尧、舜、禹而不提此前的黄帝呢？因为舜之前其实是采用世袭制的黄帝王朝，先后在位的君主是黄帝、黄帝之孙颛顼、黄帝曾孙帝喾、帝喾之子尧。

舜是作为尧的女婿走上政治舞台的，换句话说，他的即位意味着改朝换代，黄帝王朝被人颠覆，虞舜王朝华丽登场。

可悲而可笑的是，螳螂捕蝉，黄雀在后。舜年老的时候，权力没有转到他儿子商均手中，而是据说被禅让给了治水英雄大禹，这才有了延续四百余年的夏王朝。

唐代大诗人李白在他的长诗《远别离》中曾经写下这样的诗句：

或云尧幽囚，舜野死。

九疑联绵皆相似，重瞳孤坟竟何是？

帝子泣兮绿云间，随风波兮去无还。

恸哭兮远望，见苍梧之深山。

苍梧山崩湘水绝，竹上之泪乃可灭。

尧被舜幽囚应该是不太可信的，因为尧让位后，他的两个女儿娥皇和女英，即诗中的"帝子"，对舜仍然一往情深，而且生死相随，以至于留下了泪痕斑斑的湘妃竹的传说。但舜死于野外却是很有可能的，要知道，毕竟禹的父亲鲧是被舜奉了尧的诏命直接杀死的，"杀父之仇，不共戴天"，禹因此而报复舜也是可以理解的。

不管怎么样，虞舜王朝经历了三十九年的风风雨雨后黯然落幕，其后是四百余年的夏，五百多年的商，八百年的西东周，接着是三十五年的战国末期大混战，然后是只有十五年的短命秦朝，然后就是项羽建立的存在时间更短的西楚。

虽然秦始皇"二世、三世直到万世"的狂野愿望显而易见没有实现，但秦朝还是有三个皇帝的：秦始皇、秦二世、秦王子婴，而项羽站在历朝帝王的行列中却充满"茕茕孑立，形影相吊"之感。因为他的西楚王朝只有他这一个君主，唯一能让他感到安慰的是和他一样生有重瞳，和他一样是个"孤家寡人"的大舜。

如果项羽地下有知，他会再次感到安慰——二百年后王莽建立的新朝也只有一个皇帝。

纵观中国历史上的大王朝，像虞舜、西楚、新莽这样一代而亡的也只能找出这三个。刘玄的玄汉尽管也只有一个皇帝，而且更短，仅仅两年，但算不得统一政权；武则天的武周和它们相似但毕竟还不一样，一者她是作为唐高宗皇后登位的，二者唐朝并没有因其篡位而真正灭亡，她一死李唐天下就顺利地得以恢复了。

至于为什么舜、项羽和王莽建立的王朝一代而亡，窃以为，王莽是因为太能折腾，项羽是由于逆历史潮流而动大搞异姓分封制，舜则可能是作为女婿上位有些来路不正。期待大方之家给出更专业的见解。

不要只为虞姬感伤

两千年来，虞姬在亿万中国人心间一直是一个凄美哀怨的悲情美人形象。

据《史记·项羽本纪》记载，楚军被汉军围于垓下，项羽闻四面楚歌"则夜起，饮帐中。有美人名虞，常幸从，骏马名骓，常骑之。于是项王乃悲歌慷慨，自为诗曰：'力拔山兮气盖世，时不利兮骓不逝。骓不逝兮可奈何，虞兮虞兮奈若何？'歌数阕，美人和之。项王泣数行下，左右皆泣，莫能仰视。"另据《情史·情贞类》记载："（虞姬和歌之后）姬遂自刎。姬葬处，生草能舞，人呼为虞美人草。"

后人读虞姬故事，每每伤感于她"八千子弟同归汉，不负君恩是楚腰"的忠贞，感动于她"碧血化为江边草，花开更比杜鹃红"的痴情，却忽视了她像乌骓马一样是始终陪伴在项羽身边的。也就是说，项羽的所作所为她都亲眼看到了，亲身经历了。那么，我们就要发出这样的疑问：项羽犯错甚至犯罪时，虞姬为什么一言不发呢？

整个战国时代虽烽火连天，战争频仍，但从来没发生过屠杀平民的暴行。秦朝末年这一暴行的始作俑者正是虞姬深爱且日日相随的项羽，此人曾经先后三次在襄城、城阳、咸阳大肆屠城，无论秦兵还是平民，一个也不放过。此外，他还有两次杀俘的罪行，一次是在新安，坑杀秦军降兵二十万；一次是在破齐之后，活埋了大批已经投降的田荣部下。千万生灵即将涂炭之际，陪在项羽身边的虞姬为什么一言不发呢？

不仅秦人痛恨项羽的暴行逆施，就连他拥立的楚怀王也对其种种恶魔行径始终心有余悸，这个青年楚怀王曾对大臣、将军们忧心忡忡地说："项羽为人，剽悍猾贼！项羽尝攻襄城，襄城无遗类，皆坑之！诸所过之处，无不残灭！"因了这番评价，项羽对他恨之入骨，先以"义帝"名目将青年楚怀王架空，之后又毫不留情地将他杀害。楚怀王被害之际，忠诚于国的虞姬为什么一言不发呢？

作为一个心思缜密、感情细腻的女性，虞姬应该知道"亚父"范增对项羽一片深情、忠心耿耿，但在范增的逆耳忠言和妙计良谋一次次被项羽拒绝摒弃时，虞姬也没有站出来劝谏，仍然保持着她一贯的一言不发的态度。

于是，虞姬不禁令人想到现在描写漂亮女演员时常用的一个专有名词——花瓶。

彼时彼地，虞姬一言不发。此时此地，笔者不禁要说：两千年后的我们在为虞姬伤感之余，是不是应该更深入、更全面地审视一下这个人物呢？

霸王别姬没有那么凄美

　　说到霸王别姬，我们脑海中立刻会涌现出一幅无限凄美、动人心魄的历史画面：多日戎装未解，却依然双瞳如炬的楚霸王项羽被围垓下，面对着一树梨花春带雨的美人虞姬，慷慨悲歌——力拔山兮气盖世，时不利兮骓不逝。骓不逝兮可奈何，虞兮虞兮奈若何！虞姬伤心欲绝，舞剑而和——汉军已略地，四面楚歌声。大王意气尽，贱妾何聊生。最后，虞姬在舞影婆娑之际横剑自刎，为爱殉情。霸王怀抱美人，泣数行下，留下了英雄末路的一曲千古悲歌。

　　霸王别姬是中国人文化记忆中难以抹掉的历史一幕，后世的不少文艺作品皆取材于此，戏曲舞蹈有之，绘画雕塑有之，以之为题材的影视作品更是数不胜数，就连烹饪文化中都有一道菜肴以此为名。

　　然而，如果我们细细考究起来，霸王别姬未必是个凄美的爱情故事。

　　古代不少学者对项羽的《垓下歌》持保留态度，清人周亮工就曾经质疑说：项羽被重重围困在垓下时已经是四面楚歌、山穷水尽了，情况万分危急，哪有闲暇和心思作诗？即使作了，那么后来虞姬自杀，项羽兵败，身边仅剩下的几个随从一个接一个被杀，自己最后也自刎乌江，这些诗歌又是谁记录下来的？

历史总是有它的诡异神秘、出人意料之处，所以我们无法完全否定《垓下歌》的真实性，因为它在风格上和当时的诗歌，比如刘邦的《大风歌》（这可以肯定是刘邦的作品）是相符的。相比之下，虞姬的那首和歌更值得质疑，因为秦汉之际可考的文人作品中没有这样的五言诗。

而且关于虞姬究竟是自刎还是他杀，还有可待商榷之处。请看宋初《太平寰宇记》第128卷《濠州钟离县》中的记载："虞姬冢在县南六十里，高六丈，即项羽败，杀姬葬此。"在虞姬被杀而非自刎的前提下，如果是虞姬怕自己受辱，让霸王把她杀死以保贞节，那么虞姬之死凄而不美；如果是项羽不想虞姬受辱，便自行其是将虞姬杀死，那就不是凄美，而是悲惨了。

再者，虞姬是否真爱霸王还是个问题。

后人读虞姬故事，每每伤感于她"八千子弟同归汉，不负君恩是楚腰"的忠贞，感动于她"碧血化为江边草，花开更比杜鹃红"的痴情，却忽视了她像乌骓马一样是始终和项羽在一起的。前文中我们说过，项羽的所作所为她都亲眼看到了，亲身经历了。那么，我们就要发出这样的疑问：项羽三次屠城，两次杀俘，荼毒生灵，即将遗臭万年时，如果虞姬真的爱他，为什么不站出来阻止，而是一言不发，任其为虐呢？

如果历史上霸王、虞姬被困垓下时不曾悲歌唱和，如果虞姬对于霸王没有真爱，如果虞姬不是自刎殉情，而是死于霸王剑下，文化记忆中霸王别姬的凄美是不是就令人质疑，大打折扣，乃至荡然无存了呢？

西汉王朝

谁是秦汉第一人杰

秦汉之际，英雄辈出，人才济济，最著名的人物除了开创汉朝四百年天下的刘邦和"力拔山兮气盖世"的项羽，应该就数被称为"秦汉三杰"的张良、萧何和韩信了。

关于张良、萧何、韩信这三位人杰，刘邦曾经有过非常经典的评价："夫运筹帷幄之中，决胜千里之外，吾不如子房；镇国家，抚百姓，给馈饷，不绝粮道，吾不如萧何；连百万之众，战必胜，攻必取，吾不如韩信。"诚如刘邦所言，张良、萧何和韩信分别在谋略、治国、军事方面占据了当时的"一哥"地位，几乎无人能出其右，但如果就综合实力来评出秦汉第一人杰，恐怕最终获胜的并不是他们仨中的某一位，而是另一个人。

这个人是刘邦的老部下，是刘邦最早的将领之一，有趣的是，刘邦起事之前在沛县当亭长时，他正好是刘邦的顶头上司。

公元前 209 年，陈胜、吴广在大泽乡点燃了秦末农民大起义的火炬后，刘邦于芒砀山斩蛇起义，而且很快就攻取了沛县县城，成了受人拥戴的沛公。从那时起，本文的主人公就作为左膀右臂追随着刘邦开始了激情燃烧的革命生涯。

在反秦战争初期，他带领一支军队独当一面，南征北伐，东挡西杀、战无不胜、攻无不克，拿下了一座座城池，打败了一个个敌手，其中就包括战神章邯、丞相李斯的儿子三川守李由（被刘邦军杀死）和名将王离。

随后，他跟随刘邦领兵西上，抢关夺隘，攻城略地，一直打到了首都咸阳，灭亡了暴虐无道、万民痛恨的秦王朝。不久，项羽兵入关中，封刘邦为汉王，他随汉王到了汉中，被封为建成侯。刘邦和项羽撕破脸后，他又随汉王回军平定三秦，接着打出函谷关，继续向东进军。

在楚汉战争的这四年里，他和韩信并肩作战，先后攻取了魏国、赵国、齐国等项羽分封的诸侯国，为刘邦夺得了大片的土地、数以百计的城邑。他平定魏王豹叛乱时，活捉了魏王豹，夺取了魏都平阳，一下子取得五十二座城池，全部平定魏地。魏王豹的母亲、姬妾、儿女也在都城陷落时被俘，其中就包括后来生下一代明君汉文帝的薄姬。

在烽火连绵，硝烟弥漫的秦末战争中，他戎马倥偬，身经百战，身上大小伤疤七十多处，总共打下了两个诸侯国，一百二十二个县；俘获诸侯王二人，诸侯国丞相三人，将军六人，郡守、司马、军侯、御史各一人，在刘邦集团的功劳簿上排名第一，被封为平阳侯，食邑一万零六百三十户，爵位世代相传永不断绝。

长达七年的秦末战争最终以项羽乌江自刎、刘邦长安称帝而结束，之后便进入了新王朝的国家建设，经济恢复时期。

我们的主人公从指挥千军万马的将军华丽转身成为刘邦长子、齐王刘肥的相国，这个职位大体相当于现在的上海市市长，其重要性不言而喻。

当时天下刚刚平定，百废待兴，他把齐国有名望的老年人和读书人都请到都城，虚心向他们询问治理国家、安抚百姓的办法。胶西有位被尊称为盖公的老者，精研黄老学说，认为治理国家的办法贵在清静无为，让百姓们自行安定。他认为盖公所言很有道理，就让出自己办公的正厅让盖公居住，采用盖公提出的黄老学说治理齐国。

在他当齐国丞相的九年里，齐鲁大地经济迅速发展，百姓安居乐业，一派繁荣景象，人们都称赞他是难得的"贤相"。

他在当好国相的同时也没有荒废自己的老本行，他先以齐国相国的身份领兵打败了叛臣陈豨部将张春的军队，之后又辅佐齐王刘肥率领十二万人马，与高祖合攻反叛的黥布。他指挥齐国军队大败敌军，向南一直打到蕲县，又回军平定了萧县、留县等多处地方。

汉惠帝二年，即公元前 193 年，丞相萧何去世。他在齐国听到这个消息，就让自己的仆人赶快收拾行李。仆人问其何故，他说："我将要入朝当相国去了。"果然，朝廷很快就派使者来召他进京接任相位了。

他就职之后，罢免了一些沽名钓誉、爱搞表面文章的官吏，同时从各地选拔了一些为人质朴、工作务实的人到京城任职，然后就开始享受大汉丞相的幸福生活了，有事时按部就班处理政务，无事时则花前月下饮酒行乐。

年轻的汉惠帝见他好像没有"新官上任三把火"的足够热情，既没有出台什么新政策，也没有颁布什么新法令，就委婉地提出了自己的疑问。他见到皇帝后，先脱帽谢罪，然后说："请陛下仔细考虑一下，在圣明英武上您和高帝（指汉高帝刘邦）谁强？"惠帝说："我怎么敢跟先帝相比呢！"他接着说："陛下看我和萧何谁更贤能？"惠帝说："您好像不如萧何。"他说："陛下所言极是。高帝与萧何平定了天下，法令已经明确，如今陛下垂衣拱手，我等谨守职责，遵循原有法度而不随意更改，不就行了吗？"惠帝豁然开朗，对他肃然起敬。

的确，对于一个新上任的丞相来说，大刀阔斧改革旧制需要勇气，实事求是遵循旧制不但需要勇气，还需要胸襟。

在他为相的日子里，百姓们自由自在，休养生息，生产进步，经济发展，大汉朝朝着繁荣兴盛继续迈进。

他就是堪称秦汉第一人杰、才兼文武的西汉名相曹参。

人们这样歌颂他："萧何制定法令，明确划一；曹参接替萧何为相，遵守萧何制定的法度而不改变。曹参施行他那清静无为的做法，百姓因而安宁不乱。"千百年来，"萧规曹随"一直是历史上的佳话。

诚然，就单项实力而言，曹参论治国稍逊萧何，论打仗输于韩信，论谋略不如张良。但曹参上马能打天下，和韩信一样；下马能治天下，如萧何一般，综合实力明显略胜一筹。因此，将他列为秦汉第一人杰，并非无中生有、哗众取宠，而是名副其实、实至名归，曹参当之无愧！

"二十四孝"中的大名人

　　"二十四孝"是大家非常熟悉的典故，但其中的故事却并不大为我们现代人所了解。实际上，这些孝顺父母的故事不仅富有教育意义，而且非常生动有趣，尤其值得一提的是，我们在其中可以看到几个大名人的身影。

　　"二十四孝"中有两位帝王，一个是尧、舜、禹中的舜帝，一个是"文景之治"中的汉文帝。

　　舜生来每个眼睛有两个瞳仁，他父亲瞽叟（瞽叟者，瞎老头也）却是个瞎子，舜的父亲那么不待见这个儿子，可能与此有一定关系，当然主要原因是父亲续弦给他找了后妈。

　　虽然舜的父亲和后妈以及同父异母的弟弟象对他非常不好，甚至想方设法谋害他，但舜却依然以孝悌之道对待他们，以至于感动了上天，感动了高高在上的尧帝。上天派大象为他耕地，让飞鸟替他除草（想象一下这是一幅多么美妙的画面啊），尧帝则把两个女儿娥皇和女英，嫁给他为妻，后来，又把天子之位禅让给他。

　　汉文帝比舜帝要晚两千多年，但他在尽孝上和这位先辈一脉相承，异曲同工。

汉文帝刘恒很小就离开了父皇刘邦，和母亲薄太后在偏远的代国相依为命，所以，他对母亲有着异常深厚的敬爱之情。文帝一直对薄太后特别孝顺，朝夕问省，言听计从，即使后来做了至高无上的皇帝，在对母亲尽孝上也一如既往，始终如一。

有一次，薄太后得了重病，身体每况愈下，文帝看在眼里，急在心里，他经常在百忙之中抽出时间守在母亲身边，温言婉语地安慰，衣不解带地照料。每次母亲服药时，文帝都要亲自尝一尝，看看烫不烫、苦不苦，有时候为了保证治疗效果，他甚至会自己去给母亲熬制中药。

俗话说"久病床前无孝子"，真正日理万机的汉文帝却多年如一日地照顾着生病的母亲薄太后。后来，薄太后的身体终于恢复了，文帝却因为长期的辛劳而病倒了。

孔圣人是非常重视仁孝的，这一点在"二十四孝"故事里也有所体现——其中的三位主人公是孔子的学生。

子路是孔子最著名的弟子之一，可以与他齐名的大概只有颜回。大家都知道子路性格鲁莽，武艺高强，有点儿张飞、李逵、鲁智深的味道，但知道他是个大孝子的人好像并不多。

子路出身贫寒家庭，早年生活非常悲苦，自己外出务工时常常采野菜、摘野果为食，却能够从外地不远百里负米回家供养父母双亲。孔子对子路的孝行非常欣赏，他意味深长地说："由也事亲，可谓生事尽力，死事尽思者也。"

可能我们现代人会想不通子路为什么不直接带着银子回家。其实这也可以理解，因为那时候商品经济远远不如现在这么发达，而且不同诸侯国之间货币流通极不顺畅。

闵子骞虽然不如颜回名气大，但在孔子的弟子中，他是最有资格和颜回并列的，因为他们都是德行非常高尚的人。另外，以闵子骞为主人公的故事"鞭打芦花"远比闵子骞有名，千百年来一直在各个戏曲剧种的舞台上上演不衰。

"鞭打芦花"讲述了这样一个真实的历史故事。闵子骞母亲早丧，父亲续娶，继母又生二子。继母经常虐待闵子骞，冬天，给两个亲儿子穿絮着棉花的衣服，却让闵子骞穿絮着芦花的衣服。一日，父亲打算外出，叫闵子骞驾车，闵子骞因为寒冷把赶牛的鞭子掉在地上，生气的父亲便随手用鞭子打了闵子骞，结果衣服里的芦花从衣缝飞了出来，父亲这才知道大儿子受到了继母的虐待。

悔恨交加的父亲决定要休掉不贤的妻子，闵子骞急忙跪下恳求父亲宽恕继母，他说："母在一子寒，母去三子单。"继母知道这件事后，幡然悔悟，自此像对待亲儿子一样对待闵子骞，一家人过上了幸福的生活。

"二十四孝"中的另一个大名人比上述几位孝子要晚很多很多年，但他的名气却一点儿不比他们小，他就是宋代大诗人、大书法家、"苏黄米蔡"中的黄庭坚。

黄庭坚从小就非常孝顺父母，考中进士做了朝廷命官之后，虽然家里也有仆人，他却依然亲自照顾母亲的生活起居，公事繁忙时也不例外。

黄庭坚的母亲特别讲卫生，是个爱干净的老太太，细心的黄庭坚怕仆人洗刷的便桶不能让母亲满意，影响老人家的心情，一直坚持每天亲自为母亲刷洗便桶，而且几十年如一日，从未间断。

当时有一些人对黄庭坚的做法不理解，就问他说："您身为朝廷命官，家里有那么多仆人，为什么还要亲自做刷洗母亲便桶这样卑贱的事情呢？"黄庭坚是这样回答的："孝顺父母是我的本分，不能因为身份地位而改变，怎么能让仆人去代劳呢？给母亲刷洗便桶是为了感谢母亲的生养之恩，怎么能说是卑贱的事情呢？"

在历史上，"二十四孝"对于培养人们的感恩之心、孝顺之行有着非常重要的意义，而其中这几位大名人的孝亲事迹则感召了更多的当时之人和后世之人。

那个以"嫖"名世的女人

前些年有一部剧叫《美人心计》，剧中存在着这样一个文化常识方面的错误。

深受宠爱的代王妃窦漪房在怀胎九月生下第一个女儿后，代王刘恒欣喜异常，笑眯眯地对窦妃说就取名叫嫖（体态轻盈之意）吧，别名馆陶。

馆陶听起来的确是一个挺美好的名字，但刘嫖被称为馆陶公主并不是因为她别名馆陶，而是因为她的封地在当时的馆陶这个地方，也就是现在的河北省馆陶县。

馆陶县位于华北平原南部，河北省南端偏东，始建于西汉初年，已有二千二百多年的历史。因其城西北七里有陶丘，赵置驿馆于其侧，故名馆陶。

据《唐会要·公主》所言，"凡公主封，有以国名者，郎国、代国、霍国是也；有以郡名者，平阳、宣阳、东阳是也；有以美名者，太平、安乐、长宁是也"。汉朝时期情况和唐朝类似，公主多以封邑所在地来命名，如馆陶公主、鄂邑公主、湖阳公主等。

历史上共有四位封号为馆陶的公主，一是汉文帝女刘嫖，二是汉宣帝女刘施，三是汉光武帝女刘红夫，四是唐高帝十七女。

馆陶公主刘嫖是汉文帝与皇后窦漪房的嫡女，汉景帝的姐姐，金屋藏娇的女主人公阿娇的母亲，也就是汉武帝的丈母娘兼姑姑。

刘嫖于汉文帝三年（前177年）嫁给世袭堂邑侯（食邑一千八百户）陈午为妻，故又称堂邑大长公主。汉文帝时封馆陶长公主；汉武帝时，升为馆陶大长公主，尊称窦太主。

我相信，每个人在第一次见到刘嫖这个名字时都会惊讶得大跌眼镜：堂堂大汉皇帝怎么会用"嫖"字做女儿的名字呢？此字指的可是玩弄娼妓这种淫秽而堕落的行为啊！难道他希望自己的女儿将来和妓女产生关系？

答案当然是否定的。原来"嫖"字在古代还可以读作一声，和"漂浮"的"漂"同音，意思为：身轻便貌，也就是体态轻盈的样子。至此，我们才恍然大悟——原来汉文帝是希望女儿身姿轻盈、行动敏捷，刘嫖之"嫖"和妓女根本没有关系啊！

无独有偶，"七国之乱"的罪魁祸首吴王刘濞的名字也非常的有特色，大家看到这个名字时，心里很可能会产生一个大大的问号：地位尊贵，万人之上的诸侯王怎么就和鼻子干上了？其实这事也怪不得刘濞本人，要怪就只能怪他爹、汉高帝刘邦的二哥刘喜，不知道刘老二当初怎么就选了"濞"字做他儿子的名字。

在《现代汉语词典》里，"濞"只有一个用法，就是和"漾"字构成地理名词"漾濞"，漾濞是云南省西部的一个县，在大理白族自治州。刘濞名字中的"濞"和漾濞县应该没有关系，因为他来到世上时，云南还在古滇国的统治之下，他不可能和漾濞这个地方发生关系。

那么，他的老爹刘喜到底为什么让他以"濞"为名呢？原来，在古代汉语中，"濞"字还可以和"滂沱大雨"的"滂"字组成"滂濞"一词，有三个义项：其一，澎湃，浪相击声，司马相如《上林赋》中有"横流逆折，转腾潏洌，滂濞沆溉"之句；其二，雨水多；其三,众盛貌,如《汉书·司马相如传下》中的"骚扰冲苁其纷挐兮，滂濞泱轧丽以林离"。

根据刘喜的文化程度和得子时的农民身份来看，他给儿子取名为"濞"，可能是希望以后的日子风调雨顺，五谷丰登。

邓通：成也文帝，败也文帝

　　西汉名将韩信的传奇人生"成也萧何，败也萧何"，汉初宠臣邓通的浮沉荣辱则是"成也文帝，败也文帝"。

　　邓通是南阳郡人，他出生时从他故乡经过的南阳郡到汝南郡的官道（相当于现在的省道）刚刚修通，父亲就给他起名邓通作为纪念，同时也期待着爱子将来能够通读经史，入朝为官。

　　在邓通生活的西汉初期，还没有后来隋王朝推行的科举制度，当时的读书人要想走上仕途有三条途径可以选择：一是朝廷指名征召，前提是你要有高才大名；一是在本郡做小官吏，等待慢慢升迁；一是自备车马、服装、生活费到京师做备选郎官，等候朝廷的录用。

　　身为"富二代"的邓通在家中排行老四，他母亲怀他之前接连生了三个都是女孩，所以邓通降生时，邓老爸弄的那场面真是"锣鼓喧天，鞭炮齐鸣，红旗招展，人山人海"，嘴里头一个劲地说着"老邓家终于有后了！"心里头一个劲地想着"我这偌大的家业终于有人继承了！"

　　因为儿子是好不容易才得来的，邓老爸对邓通寄予了非同一般的厚望，一直在梦想着儿子天资聪颖，品学兼优，年纪轻轻就名满天下，然后就坐着大汉皇帝征召人才的豪华马车进京城做大官去了……

无奈人算不如天算，邓通对读经习文兴趣不是很大，却经常流连于村边的那条南河。邓通和他的小伙伴们在水深草丰的河里游泳戏耍、抓鱼摸虾，每次都玩得昏天黑地，不亦乐乎。结果，邓通到了弱冠之年时读书没见什么起色，倒是练就了一身游水撑船的好本领。

眼见得第一条入仕之路已经被不够争气的儿子堵了个严严实实，邓老爸只好退而求其次，把目光发在了第三条上，第二条路望子成龙的邓老爸压根没有考虑过。

于是乎，邓老爸像嫁女儿一样为儿子置办好时尚的服饰、上好的车马，眼含热泪，满怀憧憬地把邓通送上了前往京师长安入仕求官的路程。

俗话说"来得早不如来得巧"，邓通到京城后没多少日子，皇宫负责管理游船的黄头郎出缺，擅长撑船的邓通就凭借着这独门绝技在候选者中脱颖而出，入宫做了未央宫西边苍池景区的黄头郎。

当时大汉王朝的一把手是汉文帝刘恒，汉文帝仁孝宽厚，爱民如子，治国有方，但在梦想长生这个事上却不能免俗，尽管他不像秦始皇那么痴迷偏执，没有为此滥用民力，还是有些愧对他那不信鬼不怕死的无神论者老爸——汉高帝刘邦。

日有所思，夜有所梦，文帝经常梦见自己在为登天而上下求索，但每次都无果而终。

一天深夜，月朗星稀，微风习习，文帝又在梦里开始了他的外太空之旅。在经过一番努力之后，仙界已经近在咫尺，伸手可及，可他无论如何都登不上去。正在他手足无措、心急如焚之际，有一个人从后面一把将他推了上去，登天成功进入仙界的文帝充满感激地回头一看，看到一个青春年少的黄头郎正在对他微笑。那少年穿了一件横腰的单短衫，衣带系结在背后，飘飘若仙……

登天成仙之梦令汉文帝心情大好，翌日用罢早膳就去苍池坐船游玩。不过，他来苍池不单单是为了亲近大自然，他还有一个藏在心底的目的——看看管船的黄头郎中有没有梦里助他登天的那个小伙子。碰巧那一天邓通把衣带在身后打了一个结，和文帝梦中的少年在装扮上极为相似，文帝看到邓通不由得又惊又喜，急忙命人将他召到面前，问他姓名。邓通一说自己的名字，文帝高兴得简直要抹眼泪儿了，为什么呢？因为"邓通"正是"登通"的谐音，"登通"意味着"登天成仙一路通畅"。

由于这个事情有点过于巧合，而汉文帝的老爸汉高帝和哥哥汉惠帝都有宠爱帅哥的特殊爱好，所以，也有可能是汉文帝之前见过邓通，并且一见钟情，然后就编出了上面那个美梦，给自己宠爱邓通找个令人信服的理由。这应该符合汉文帝为人低调、处世沉稳的性格。

不管怎么说，反正从这一天起，邓通就成了当朝皇帝宠爱的人了。

汉文帝非常关爱邓通，不但特意命他带薪休假，还多次对他进行赏赐，并且封他上大夫之职。邓通个性温和谨慎，不善与人交际，虽然深受皇帝宠爱，仍旧行事低调，不事张扬，文帝非常满意，对他的喜欢一天胜似一天，而邓通对文帝的感激之情也日渐深厚。

当时，汉文帝的堂兄吴王刘濞大量铸造发行钱币，而且质地不纯，分量不足，大有劣币驱逐良币的势头，给大汉经济发展造成了不好的影响，文帝对此非常不满，于是就额外授予邓通发行钱币的权力，把蜀郡严道县的铜山赏赐给他供他铸钱。这样既可以让邓通一家得到好处，又不增加政府的铸币成本，可谓一举两得，公私"双赢"。

邓通和他的家人十分感念文帝的浩荡皇恩，并且将感激之情付诸行动。邓老爸带领女儿、女婿们满腔热情地在蜀郡雇用工匠采铜、烧炭、铸钱，按照邓通的嘱咐每一个钱都精工细作，从不在铜里掺杂铅铁等杂质。他们制作出的铜钱光泽亮，厚薄匀，分量足，质地纯，全国人民，无论男女老少、贫富贵贱，都非常喜欢，大家亲切地称之为"邓通钱"。邓通家族也因此财富爆棚，富比王侯，如果当时有福布斯年度财富排行榜，邓通肯定年年榜上有名。

关于汉文帝让邓通铸钱这件事，史书上是如此记载的：上使善相者相通，曰"当贫饿死"。文帝曰："能富通者，在我也，何谓贫乎？"于是赐通蜀严道铜山，得自铸钱。用现在的话说就是：汉文帝命令一个善于看相的人为邓通相面，那人说："邓通以后会因贫困而饿死。"文帝说："我能使邓通永远富有，他怎么会贫困呢？"于是将蜀郡的严道铜山赏赐给他，准许他铸钱。

这个故事确实颇有趣味，但应该不符合历史的真实。试想一下，深谙世事，察言观色的"善相者"即使再"二"，也不会当着皇帝的面说他的宠臣"当贫饿死"呀，除非这个看相的人活得不耐烦了。

邓通对汉文帝的感激之情如滔滔江水连绵不绝，可是却又一直找不到机会报答皇帝陛下，因为汉文帝贵为天子，天下的一切都是他的财产，而且汉文帝生活简朴，对什么都没有强烈的欲望。另外，邓通也不是忽悠皇帝沉溺声色犬马、浪费民脂民膏的人。

后来，汉文帝背上忽然生了毒疮，御医们想尽了各种办法但是都没见效，眼见毒疮恶化，红肿流脓，文帝痛得卧床不起，呻吟不止，邓通心里更是急得像猫抓一样，却不知如何是好，只好日夜向上天祈祷。

一天，汉文帝身上的毒疮让他疼到了极点，以至于晕倒在了床榻之上。守在文帝身边的邓通情急之下扑到他身上，不顾脏腥，对着毒疮就吸。说来也怪，邓通吸了几口，文帝竟然苏醒过来了，在邓通吸掉疮里的黄毒后，文帝觉得痛感大大减轻了。

在接下来的几天里，邓通又给汉文帝吸了几次，文帝的毒疮居然大为好转。

汉文帝在对邓通充满感激之余，感慨地问："你说天下谁最爱我呀？"邓通说；"那自然是太子。"一会儿之后，太子过来问安，汉文帝就叫太子给他吸一下疮毒。太子不敢拒绝，只得弯下身子，犹豫着把嘴巴凑上去，结果还没碰到背疮，就恶心地呕吐起来。

文帝很不高兴，太子怏怏退出。

太子事后知道他的父皇之所以对他提出吮疮吸毒这样有些过分的要求，是因为宠臣邓通经常给父皇提供如此体贴的服务。太子一方面惭愧于自己对父亲的关爱远远比不上邓通，一方面又怨恨邓通的做法让父皇对他产生了失望和不满。

公元前 157 年，汉文帝不幸病逝，太子即位登基，这就是历史上的汉景帝。

汉景帝一看见邓通，就想起那天汉文帝不悦的表情，就觉得自己不是个孝顺的儿子，就怨恨邓通离间了他们父子之间的亲密关系。于是，就找了个罪名罢了邓通的官，收了邓通的铜山，抄了邓通的家。邓通眨眼间从福布斯排行榜上的前几名跌落到"白茫茫一片大地真干净"的状态，成了身无分文、寄人篱下的破产人士，最终饥寒交迫，落魄而死。

如果没有汉文帝当初的青眼相加，没有背景的邓通不会一步登天，飞黄腾达；如果汉文帝不要求太子吮疮吸毒，邓通就不会和将来的皇帝结下梁子，就不会落得一贫如洗，家破人亡。从这个意义上说，成就了邓通功名财富的是汉文帝，无意中害得邓通不得善终的也是汉文帝，汉文帝若地下有知，不知会做何感想。

口吃大才子

在大家的印象中，才子应该是才高八斗、学富五车、锦心绣口、出口成章的人。殊不知，在我们熟悉的大才子中居然有好几位口吃者。

韩非子——韩非子是战国时代杰出的哲学家、思想家、政论家和散文家，法家思想的集大成者，法家学派的代表人物。

韩非子虽然口吃，不善言谈，但是善于著述。他写起文章来气势逼人，堪称当时的大手笔，凡是读过他的文章的人，几乎没有不佩服他的才学的。他的著作大都收入《韩非子》一书，《韩非子》重点宣扬了法、术、势相结合的法治理论，达到了先秦法家理论的最高峰，为秦统一六国提供了理论武器，同时，也为以后的封建专制制度提供了理论根据。

司马相如——司马相如是西汉大辞赋家，代表作《子虚赋》。他的作品辞藻富丽，结构宏大，使他成为汉赋的代表作家，后人称之为赋圣。鲁迅曾在他的《汉文学史纲要》中指出："武帝时文人，赋莫若司马相如，文莫若司马迁。"所以他和司马迁又并称为"两司马"。

司马迁在《史记》中的《司马相如列传》写道："相如口吃而善著书。"但口吃并没有影响司马相如的成功，他在情场、商场以及官场都有着令人羡慕的经历。

扬雄——扬雄是西汉末年的辞赋名家，他在辞赋创作上最服膺司马相如，"每作赋，常拟之以为式"（《汉书·扬雄传》）。他的《甘泉赋》《羽猎赋》等代表作就是模拟司马相如的《子虚赋》《上林赋》而写的，内容为铺写天子祭祀之隆、苑囿之大、田猎之盛，结尾兼寓讽谏之意。扬雄的辞赋用词华丽，与司马相如赋相类，所以后世有"扬马"之称。

扬雄崇拜司马相如大概还有另外两个原因，一者他和司马相如都来自现在的四川，有同乡之谊；其二则是他和司马相如一样存在口吃的问题，据史书记载，扬雄从小就口吃，不善言谈而好深思。

左思——"洛阳纸贵"是人们非常熟悉的一个成语，讲述的是这样一个故事：西晋太康年间，在当时的首都洛阳当"洛漂"的文学青年左思十年磨一剑，终于写成了使他一鸣惊人的《三都赋》。此赋刹那间传遍了洛阳的大街小巷、犄角旮旯，人们啧啧称赞，竞相传抄，竟然导致纸价飞涨，增高了好几倍。原来每刀千文的纸一下子涨到两千文、三千文，后来竟销售一空，不少人只好到外地买纸，抄写这篇绝世名赋。

毫无疑问，左思是个大才子，但让大家大跌眼镜的是，这个大才子不仅相貌丑陋，而且是个结巴。有趣的是，他的妹妹左芬也和他一样虽丑但颇有才华，而且因此被附庸风雅、沽名钓誉的晋武帝选入宫中做了妃子。

《毛诗序》曰："在心为志，发言为诗；情动于中而形于言，言之不足故嗟叹之，嗟叹之不足故咏歌之，咏歌之不足，不知手之舞之，足之蹈之也。"这四位口才不佳的大才子的情况则是：情动于中而不能形于言，不能形于言则以文字达之，这才留下了这么多的精美华章，从而在文学史上拥有了自己的一席之地。

他们的写作经历正应了老子《道德经》中的那句千古名言——福兮，祸之所伏。

李广为何不得封侯

　　飞将军李广是中国历史上一位传奇式的悲剧人物，他自"结发与匈奴大小七十余战"，一生戎马倥偬，名扬汉匈两国，却至死不得封侯。后人为之不平，为之惋惜，为之叹咏，"初唐四杰"之一的王勃在《滕王阁序》中更是写出了"冯唐易老，李广难封"的千古名句，进一步把飞将军的悲剧形象定格在人们的内心深处。

　　那么，李广为何不得封侯呢？

　　有人认为是因为李广在任陇西太守时杀过已经投降的 800 名羌人。此论源于李广请教的一位相面先生王朔之言，明显带有因果报应的宿命论色彩，虽在日本史学界相当流行，但属于不攻自破的谬说。

　　有人认为是因为李广胸怀不够大度，公报私仇，找借口杀了曾经轻侮过他的灞陵尉。此说似以小节论大端，难以令人信服，古往今来重大节而失小节的人中成功者多矣！

　　有人认为是因为李广治军不严，非也。李广带兵作战时虽然不讲军阵，表册文书大多省略，但他对关系士兵生死、百姓安危的征战大事还是非常严肃谨慎的。南宋大学者叶适曾对此做出辩驳:"李广自用兵,人所不及,世或以常律论之,固非矣。"就是说,李广用兵有自己高明而独到的一套方法,不能以常理看待。

有人认为是因为李广是"常败将军",此论尤其荒谬。试想,匈奴兵将畏之丧胆,誉之为"飞将军"的李广怎么可能是个"常败将军"呢?如果真的如其所言,王昌龄就不会高唱"但使龙城飞将在,不教胡马度阴山",卢纶也不会写出那一首首脍炙人口的《塞下曲》。

有人认为是因为李广不是军事全才。此论也是站不住脚的,因为汉武帝时期并非军事全才而得以封侯者大有人在,而且这些人在疆场血战上远远逊色于李广。

李广不得封侯实在是因为他只有一只眼。

如果李广只有一只向上看的眼,他也很可能得以封侯,从古至今,靠阿谀奉承、吮疮舐痔而封侯者可谓数不胜数。但我们的飞将军李广却只有一只向下看的眼,他和兵士亲如兄弟,"得赏辄分其麾下,饮食与士共之","乏绝之处,见水,士卒不尽饮,广不近水,士卒不尽食,广不尝食";他对百姓关爱有加,以至于他自刎而死时,全国的百姓为之痛哭流泪。

如果李广像卫青一样是汉武帝的小舅子,或者像李广利一样是汉武帝的大舅子,那么,即使他缺少一只向上看的眼,也照样能封侯,可惜他没有一个好姐姐或好妹妹。

李广不仅不肯溜须拍马,讨好上司,而且不会察言观色,顺承上意，甚至还有些不羁与自负。既然你对皇帝不感冒，那皇帝对你不感冒就是顺理成章、理所当然的了，再勇敢的将军在皇帝面前也是弱者啊，除非你像麦克白一样敢把皇帝拉下马。

苏武牧羊之后

公元前87年，苏武出使匈奴后的第十三年，汉武帝刘彻驾崩，他的小儿子刘弗陵即位，这就是历史上著名的少年天子汉昭帝。当时的托孤重臣霍光一改武帝末年穷兵黩武、连年征战的政策，汉匈关系有所好转，几年之后，匈奴与汉再次和亲。汉朝廷要求匈奴送还苏武等人，匈奴却谎称苏武已死。后来，汉朝使者又到达匈奴，当初与苏武同时出使的常惠秘密谒见使者，原原本本述说了十几年来他们在匈奴的遭遇，并且为汉朝使者编了一个优美的故事。汉使见到匈奴单于后，说："我们大汉天子在上林苑射猎时，射得一只北方飞来的大雁，雁足上系着帛书，上面说苏武等人在北海。"单于见自己的诡计被识破了，只得承认苏武等人的确还活在世上。

就这样，在出使匈奴十九年之后，历尽苦难、痴心不改的苏武终于于公元前81年回到了他日思夜想、念念不忘的大汉帝国。同时出使的人中，除了已经死亡和投降的之外，总共有九人与苏武一同回国。

苏武出使匈奴离开长安时，刚过不惑，正值壮年，而十九年后再入长安，已是一位年届花甲、须发皆白的老人。时光之流逝，命运之沧桑，怎不令人慨叹垂泪。晚唐大诗人温庭筠曾经这样歌唱苏武："苏武魂销汉使前，古祠高树两茫然。云边雁断胡天月，陇上羊归塞草烟。回日楼台非甲帐，去时冠剑是丁年。茂陵不见封侯印，空向秋波哭逝川。"

当年，李陵捎来武帝去世的噩耗时，苏武在北海痛哭了几天几夜，几次昏倒。现在，他胜利归来了，当然要到武帝的茂陵去拜谒一番。白发苍苍、长须飘飘的苏武跪在武帝高大的陵墓之前，尽情地诉说，尽情地哭泣。可惜，武帝已经听不见了，回应他的只有那飒飒秋风和滔滔渭水。

年轻的汉昭帝和辅政大臣霍光都对苏武归国深感高兴和欣慰，任命他担任典属国（相当于现在的外交部部长）的重要职位，俸禄两千石，并赐钱二百万，官田二顷，住宅一处。常惠等人也各有封赏。

本来苏武的生活可以这样平平安安地过下去了，但是，命运在不久之后又给了他一次沉重打击。

就在苏武回到长安的第二年，辅政大臣之一的上官桀及其子上官安联合另一辅政大臣桑弘羊和燕王刘旦发动政变，意欲打倒第一辅政大臣霍光，废掉汉昭帝。结果这场政变很快就以失败告终，上官桀被灭族，苏武的儿子苏元因参与了上官安的阴谋而被处死，苏武也因此被免去了官职。

老来丧子当然是不幸的，幸运的是当权的霍光和汉昭帝都是明白人，苏武并没有受到很大的伤害。

公元前74年，汉昭帝英年早逝，苏武以先帝旧臣的身份参加了迎立汉宣帝的仪式，宣帝封他为关内侯，食邑三百户。后来，重臣张安世向宣帝推荐苏武，说先帝在遗言中曾褒奖苏武熟悉朝章典故，出使不辱君命，不久，宣帝就任命苏武担任右曹典属国。汉宣帝非常尊重这位气节高尚的老臣，不但尊称他为德高望重的"祭酒"（相当于公立大学校长），而且还给予特殊照顾，只要求他在每月的初一和十五入朝议事，其余时间在家休养。这时，苏武已经是年近古稀的老人了。

苏武把皇帝的赏赐全部送给了亲朋好友、街坊四邻，家里不留一点儿财产，满朝文武大臣也都非常敬重他。汉宣帝怜悯他年老无子，就用金银和丝绸赎回了他在北海牧羊时与匈奴妻子生下的儿子苏通国（儿子的名字都寄寓着苏武对故国的思念），并且让苏通国做了郎官，又安排苏武的侄子担任了右曹。

公元前60年，中国历史上最伟大的使节、杰出的爱国者苏武在首都长安溘然长逝，享年八十一岁。

孟子说"生于忧患，死于安乐"，这句话在苏武身上得到了充分体现：就物质而言，他的身体并没有因为十九年的苦难经历而垮掉，相反却有了更强的承受力和忍耐力，活到了八十一岁的年纪，即使现在也算高龄；从精神上说，如果他没有这十九年的苦难经历，而是一直平平静静、安安稳稳地在朝中为官，即使后来做到了典属国的高位，肯定也早已湮没无闻，被历史遗忘了。

霍光：毁在老婆手里的大人物

霍光无疑是西汉历史上一个非常重要的人物，他先后辅佐汉武帝、汉昭帝、汉宣帝三代帝王，为武帝后期国民经济的恢复和之后的昭宣中兴做出了不可磨灭的重要贡献。但令人遗憾的是，霍光离世不久，他的家族就搭上了开往地狱的死亡列车，最终落得个家破人亡的悲惨结局。

虽然说动手从霍氏家族手里夺回权力的汉宣帝的确有点不近人情，但霍光老婆的愚蠢自大、狂妄狠毒也是一个绝对不能回避的致命的因素。

霍光的老婆名叫霍显，不知是碰巧和老公同姓，还是成婚后随了丈夫的姓氏，但这个女人确实名如其人，是个好显摆、能惹祸的主儿。

霍显非常宠爱她的小女儿霍成君，一心想让自己的心肝宝贝登上皇后宝座，成为天下第一女人。公元前74年，霍光拥戴汉武帝来自民间的孙子刘病已（后更名刘询）登上皇位，这就是历史上的汉宣帝。霍显感觉小女儿一飞冲天变凤凰的机会来了，于是，便向霍光提出了这个想法，而霍光也想通过联姻加强和新皇帝的关系。霍光的心思立刻就被他那些政治触角极度敏感的心腹们洞察到了，他们就替上司出面联名上表建议汉宣帝纳霍成君为后。虽然汉宣帝感激霍光的拥立之恩，但却不想给霍氏家族这个面子，因为他心中早就有了皇后的最佳人选。

汉宣帝刘询是汉武帝长子戾太子刘据的孙子，他刚刚出生，祖父刘据就遭遇了残酷血腥的巫蛊之祸，不愿受辱的刘据自杀身亡，妃子们和三子一女也都被害身死，只有尚在襁褓之中的孙子刘询躲过了这一场生死劫。刘询五岁遇赦后被送到了祖母史良娣的娘家，他是以庶民身份在寻常百姓家长大的，并且迎娶了出身小吏家庭的许平君为妻。刘询和许平君是甘苦与共的患难夫妻，二人之间的感情真挚深沉，所以，从刘询幸运地继承帝位的那一刻起，他已经决定了要立与他同甘共苦的许平君为后，以回报妻子多年来的一往情深和细微照顾。

当霍光的心腹们集体上书请立霍光之女霍成君为后时，汉宣帝不置可否，莫名其妙地下了这样一道诏书：我在贫微之时曾经有一把故剑，如今我十分地想念它啊，众位爱卿能否为我将其找回来？汉宣帝的"故剑情深"获得了大臣们的理解，赢得了绝大多数大臣的支持，于是，许平君幸运地从身世低微的灰姑娘成了万人尊崇的皇后。

汉宣帝满以为能够和挚爱的妻子"从此过上了幸福的生活"，但未来的可怕完全出乎了他的意料。

霍光毕竟是个政治家，他能够以宽广的胸襟接受许平君成为皇后这一既成事实，但他的老婆霍显不肯服输，她决定背着老公继续和皇帝对着干下去，不弄个鱼死网破决不罢休，可她也不敢拿汉宣帝开刀，就把魔爪伸向了无辜的皇后许平君。

许平君在汉宣帝即位之前已经为丈夫生下了一个儿子，这就是后来的汉元帝。入宫成为皇后的第三年，许平君又为汉宣帝生下了一个女儿，正当她憧憬着将来儿女双全，乐享天伦的美好生活时，意想不到的事情发生了。许皇后在喝下太医们特制的保养身体的中药后，感觉头痛难忍，大汗淋漓，以至于向身边的女医生淳于衍发出了这样的疑问："我头岑岑也，药中得无有毒？"淳于衍肯定地回答："无有。"许皇后是个心地善良的女人，她相信了淳于衍的话，并没有把事情往坏处想，以为过一段时间就会好转，但她身上的疼痛却一直没有减轻，最终竟然夺走了她年仅十九岁的如花似玉的生命。

许皇后的死给汉宣帝带来的悲痛大家可想而知，正在这时，有人上书弹劾太医"侍疾无状"，没有照顾好产后体虚的许皇后，于是宣帝就下诏将相关的太医关进监狱，并且命令司法部门介入调查。这时，大将军霍光站出来为女医生淳于衍说了情，大概汉宣帝也认为药物出问题和淳于衍没有关系，就准了大将军所请，不再追究淳于衍的法律责任。

然而，后来的事实证明，直接夺走许皇后生命的不是别人，正是这个女医生淳于衍。

俗话说，鱼找鱼，虾找虾，青蛙找蛤蟆，淳于衍和霍显就是两个臭味相投的女人。淳于衍进宫侍候生病的许皇后之前当然会去向霍显辞行，以便有机会在宫里给大将军夫人做"线人"收集情报，为主子效犬马之劳。淳于衍的老公当时担任掖庭户卫，一直在觊觎安池监的职位，就让老婆顺便求大将军夫人帮他们家这个忙。淳于衍的这个请求对霍显来说可谓正中下怀，她顺坡下驴提出了自己的要求："大将军一向喜爱小女儿成君，希望她能够显贵。现在皇后就要分娩了，可以借此机会在药里下毒除掉她，这样，成君就能成为皇后了。"淳于衍虽然是霍显的铁杆心腹，但对于毒杀皇后这样天大的事还是不敢应承，霍显见她迟疑不决，就向她保证——只要淳于衍肯为霍家效命，自己和霍光会尽全力保护她，吃了定心丸的淳于衍最终同意按照霍显的计划行事。

淳于衍将捣成粉末的附子偷偷带进了许皇后居住的长定宫，等待时机下手投毒。许皇后生产之后，淳于衍暗中取出附子粉，掺和在了太医配制的汤药中，然后服侍皇后吃下去，这才有了上面的许皇后之死。

许皇后被害身亡后，汉宣帝一来没有找到足够的证据，二来慑于霍氏家族权倾朝野的势力，只得暂时咽下这口气，不但没有向霍家发难，还将霍成君迎进皇宫做了皇后，这下霍显终于如愿以偿当上了皇帝的丈母娘。

霍显刚刚舒服了没有多长时间，又遇到了一个新挑战。

本始四年，汉宣帝准备立许皇后的儿子为太子，封许皇后的父亲为平恩侯。霍显得到消息后怒气大发，吃不下饭，睡不着觉，甚至为此口吐鲜血，因为如此一来她的宝贝女儿霍皇后如果将来生了儿子，就只能做王了，更重要的是，霍家就没有掌控天下的机会了。霍显越想越气，于是，她便暗中指使霍皇后向她学习去毒害太子。汉宣帝此时已经有了戒备之心，霍显母女的阴谋这次没有得逞，但立太子一事还是在霍氏家族的阻挠干涉下夭折了。

公元前 68 年，德高望隆、权倾朝野的重臣霍光撒手人寰，汉宣帝开始着手收回本该由皇帝掌控的国家权力。霍光死后，霍氏家族就成了失去龙头的一群乌合之众，如果他们知趣，就应该乖乖地交出手中的权力，这样虽然意味着服软和失败，可毕竟还能够保住富贵和性命。一般的女人会做出如上的选择，但动辄就要下毒害人的霍显显然不会轻易低头认输，她的决定是带领兄弟、子侄、女儿、女婿孤注一掷，和汉宣帝进行一场不是鱼死就是网破的终结之战。

于是，霍氏家族在霍显的指挥下准备发动政变，逼皇帝退位，把刘姓的江山改成霍家的天下。但他们怎么是"聪明远见，制持万机"的汉宣帝的对手，还没真正动手就让宣帝轻轻松松地一窝端了。结果，自杀的自杀，弃市的弃市，不但霍氏家族被一举荡平，斩草除根，还连累好多和霍家有关系的人失去了性命。

霍光如地下有知，对他的这个老婆不知会作何反应。

张敞：汉朝狄仁杰传奇

大唐名臣狄仁杰堪称"东方福尔摩斯"，连荷兰人高罗佩都对他深深着迷，为其创作了驰名世界的《狄公断案大观》（又名《狄公案》）。殊不知，早在狄仁杰之前八百年，中国已经有了一位以善于侦探断案著称、和狄仁杰同级别的官员，他就是因给妻子画眉流芳百世的汉代名臣张敞。

据《汉书·张敞传》记载："敞无威仪，时罢朝会，过走马章台街，使御史驱，自以便面拊马。又为妇画眉，长安中传张京兆眉抚。有司以奏敞。上问之，对曰：'臣闻闺房之内，夫妇之私，有过于画眉者。'"

用现在的话说就是：张敞不拘小节，不摆官架子，常常穿着便衣，摇着扇子，在长安街上自由自在地溜达；有时早晨起来没有事，还提笔为他的夫人画画眉毛。不料这些事竟被那些皇亲国戚据为话柄，在宣帝面前告发他行为轻浮，有失大臣的体统。宣帝亲自询问他有无这些事，他回答说："闺房里边，夫妇之间，比画眉毛更风流的事儿还多着呢！"

虽然在后人的印象中张敞是为妻画眉、琴瑟和谐的代名词，但他能够在史书上占有一席之地却是因为他为民除害、为国纾难的丰伟功业。

如果要评选最荒唐的皇帝，张敞那个时代的昌邑王刘贺即使排不上第一也能排上第二，这哥们儿竟然在当皇帝的二十七天内做了一千一百二十七件违反礼制乃至法律的荒唐事，于是被权臣霍光废了，这才有了中兴汉室的汉宣帝刘询。

虽然刘贺被废后又被遣到京城之外的山阳居住，但他毕竟在皇帝的位子上待过，而且还有一定的实力，所以刚刚即位的汉宣帝对他颇不放心，就特别任命张敞为山阳太守，让他在治理山阳的同时暗中调查刘贺的动向。

细心大胆、忠心耿耿的张敞多次找借口进入刘贺王府探查情况，有时则冒着危险深入王府隐蔽之处一探虚实。幸运的是，刘贺被废后一蹶不振，醉生梦死，只知一味沉迷酒色，再无心思觊觎帝位。张敞向宣帝详详细细地如实奏报，宣帝那颗悬着的心终于踏实了下来。

张敞在山阳任内的本职工作和兼职工作都得到了汉宣帝的认可，于是，宣帝把他调到长安做京兆尹。京兆尹相当于现在的北京市市长，绝对是个对大汉朝举足轻重的职位。

汉长安乃天子脚下，京畿重地，按理说应该是普天之下最安全的地方。但是，当时的事实是——在张敞到任之前，长安几乎成了大汉朝最不安全的地方，可谓盗匪横行，人心惶惶。看来宣帝时期的某些进化快的盗匪早就懂得了咱们现代人耳熟能详的道理——最危险的地方就是最安全的地方。

张敞到任后，立刻行动起来。他通过微服私访，从一些老年人口中得知——这几伙盗贼的带头大哥竟然都是几个家境殷实、呼奴唤婢的富人。这几个强盗头子像披着羊皮的狼一样藏在好人堆里，暗中却操纵着长安城周围的犯罪网络，难怪前面几任京兆尹都没有发现他们的狐狸尾巴。

俗话说，再狡猾的狐狸也逃不过猎人的枪口，而张敞就是一个眼光独到、射术精准的猎人。他确定了贼首的身份后，既没有打草惊蛇，也没有发起突袭，而是做出了一个令人大跌眼镜的动作——他悄悄地派人将那几个强盗头子召到了他的办公地点。

张敞一见那几个贼首的面，就给了他们一个下马威，义正词严地高声历数他们所犯下的条条罪恶，并且命令他们把手下的盗匪全部交给政府，将功赎罪。

那几个强盗头子倒都是明白人，一见事已至此，便说："今天我们蒙召来此，必为同伙窃贼所疑，如能允许我们权补吏职，方可如约。"张敞当即拍板同意，先大度地给他们安排了官职，然后信心满满地放虎归山。

强盗头子回到家后，一个个张灯结彩，大摆筵席，邀请同伙共贺。那些蒙在鼓里的小贼小匪闻听此事，欣喜异常，一来觉得自己倍有面子，二来仿佛看到了自己的美好未来，结果一个个喝得酩酊大醉，不省人事……

等醒来的强盗们走出他们带头大哥家门还没有几百米的时候，一个个便被跟在身后的捕快衙役们摁倒在地。原来，他们酒醉时，那喝白水充白酒的带头大哥趁机在他们后背涂上了鲜鲜亮亮的大红色，这都是张敞和强盗头子们提前约定好的。

从此，长安秩序焕然一新，张敞一时声名大振。

后来，由于受到杨恽案牵连，张敞失去官职，解甲归田，过起了平民百姓的日子。顺便说一下，张敞的好友杨恽乃司马迁外孙，和他外公一样因直言获罪。

不久，冀州境内出现横行无忌的江洋大盗，冀州城中的广川王宫更发生了震惊全国的连环盗窃案，因为案情诡秘复杂，当地官员一直没能侦破。广川王宫被盗有损皇家颜面，汉宣帝对此表示特别关注。于是，"神探"张敞再度出山，以冀州刺史身份前往案发地探查真相。

张敞到达冀州后，通过仔细勘查，缜密思索，确定了盗贼们的老巢所在地，然后立即行动，以迅雷不及掩耳之势冲进敌巢，将盗贼几乎一网打尽，而且活捉了强盗头子。接着，张敞大张旗鼓，召开公审大会，把强盗头子当场枭首示众。

张敞的行动并未到此为止，他这样做只是为了稳住强盗头子背后的首恶分子。

正当盗贼集团一把手广川王的内弟和二把手广川王堂弟躲在王府深处暗自庆幸自己躲过了一场生死劫时，张敞已经指挥大队人马从四面八方包围了广川王宫。

张敞派人告知广川王过去几个月内宫内强盗猖獗的来龙去脉，广川王这才知道原来王宫祸起萧墙，出了内鬼。于是，广川王勃然大怒，两奸人束手就擒，张敞彻底根除了冀州城内的盗贼集团。

张敞为冀州百姓除了一个大害，冀州大地又恢复了往日的和平与安定。

之后，张敞调任太原任职，在他的治理下，太原的社会秩序也为之焕然一新。

张敞本来是一位善于侦探断案、长于治州理郡、颇有作为的大臣，留在后人脑海中的却是一个钟爱为妻画眉的风流男子形象，这正是我们常说的因小失大，喧宾夺主，捡了芝麻丢了西瓜，这不能不说是张敞的遗憾，也是后人的遗憾，更是历史的遗憾。

司马迁外孙之死引发的命案

司马迁的外孙姓杨名恽，在汉宣帝手下担任光禄勋一职，负责宫廷后勤事务，总管宫内侍从人员，参与国家大政。

杨恽和他外公司马迁一样是个一身正气、疾恶如仇的大丈夫，而且铁骨铮铮，敢于直言进谏，最终因《报孙会宗书》一案触怒皇帝，被腰斩于市。这是封建社会以文字罪人的"文字狱"的滥觞。

杨恽被害后，他的好友张敞受到了牵连，遭到政敌弹劾，面临即将免职的命运。

张敞是个忠于职守的官员，虽然知道自己可能被罢官，却仍然尽职尽责，努力做好每天的日常工作。

当时京城长安发生了一宗盗窃案，张敞接到报案后，就派他手下的贼捕掾（负责抓小偷的小官吏）絮舜前去查办这个案件。

奇怪的是，絮舜接到命令后没有赶赴案发现场，而是跑回家里喝小酒去了。絮舜的亲戚朋友、邻居同事见他一副事不关己高高挂起的不作为状态，就责怪他不该这样拿百姓的财产安全开玩笑。絮舜听后，不但没有幡然悔悟，还不以为然地大放厥词："我为张敞这家伙办事尽力够多的了,现在他不过是个很快就要丢官罢职的'五日京兆',还想办什么案子?"

心情本来就不爽的张敞没有得到关于案子进展的消息,却听到了絮舜的那番充斥着嘲讽的不满之言,不由激起心中层层怒浪:絮舜呀絮舜,我张敞平时待你不薄呀,可谓非常信任,照顾有加,没想到你是个见风使舵、忘恩负义之徒,我这儿人还没走,你那里茶就凉了。既然如此,我这个"五日京兆"就要让你彻底知道马王爷头上有几只眼!

张敞是个为民造福的好官,但同时是个眼里不揉沙子的狠角色,他认清了絮舜的嘴脸后,立即派人把絮舜抓捕入狱。絮舜本是捉贼捕盗之人,不想却被送入大牢,不知当时心中是什么滋味。

张敞对于絮舜的幸灾乐祸、落井下石之举深恶痛绝,所以未经审判就给他定了死罪,而且下令立即执行。张敞不屑于去见絮舜,但又觉得不说点什么难解心头之恨,就派他的主簿去刑场转述他对絮舜的训诫:"五日京兆"怎么样?现在冬日已尽,你还想再活下去吗?断头台上的絮舜肯定连肠子都悔青了,但事已至彼,悔之晚矣!

絮舜的家人自然不肯善罢甘休,他们用车拉着絮舜的尸体,拦住汉宣帝派出的冤狱使者陈诉冤情,使者问明情况,向宣帝奏明了张敞滥杀无辜之事。汉宣帝和张敞一样是个有能力的狠角色,对张敞惺惺相惜,颇为信赖,所以只是将张敞削职为民,发回原郡,却没有追究他的刑事责任。

站在公正的立场上，张敞的做法有些用力过猛，也忒狠毒了些。但絮舜的行径的确让人心寒，令人不齿，落得个身死名灭也算咎由自取，并非无妄之灾。

　　司马迁外孙之死引发的命案虽然是两千多年前的旧事，但仍然足以擦亮像张敞一样的当权者的眼睛，足以洗净像絮舜一样的下属的心脑。

以母亲的名义造反

西汉末年，王莽篡位，绵延二百多年的汉王朝被横空出世的新朝所替代。王莽登基称帝后，按照自己的意愿在全国范围内进行了一系列的改革，但事与愿违，不仅没有赢得民心，反而弄得民不聊生，天下大乱。

在新莽末年的起义军中，人们最熟悉的是山东的赤眉军和湖北的绿林军，殊不知，最先举起造反大旗的，既不是赤眉军的樊崇，也不是绿林军的王匡、王凤，而是一位并没有真正留下名字的苦难而坚强的伟大母亲。

话说在当年黄海之滨的琅琊郡海曲县（现在的山东省日照市），有一个充满传奇色彩的吕姓酿酒大户，可谓闻名遐迩，誉满全县。之所以这样说是因为这个酒坊的主人和《红高粱》中十八里坡酒坊一样是个了不起的女人家，一个没有了丈夫的女强人，她就是本文的主人公——吕母。

吕母是我国历史上第一个女性农民起义领袖，可惜的是，我们不知道她姓字名谁，只知道她是吕家酒坊的当家人，县吏吕育的母亲。吕育是吕母的独生子,在县上担任游檄一职,负责巡察缉捕工作。公元14年,正直善良、为民请命的吕育不幸被县宰杀害了,因为他没按县太爷的吩咐去惩罚那些交不起捐税的穷苦百姓,惹恼了这个在海曲一手遮天的活阎王。

吕育被害激起了全县民众的愤怒,痛失独子的吕母更是无比悲愤,怒火满腔。痛定思痛之后,吕母暗暗下定决心要倾其所有为儿子报仇。

吕母把数百万家产拿出来救济贫穷的百姓,并且暗中购置刀剑戈矛等武器装备。有些爱喝酒的青年手头没钱,吕母便经常赊给他们,如果他们生活有困难,吕母就赠其衣食。

知恩图报的贫苦百姓有一天成帮结队来到吕母面前,问她有没有事情需要大家帮助。吕母说:"既然你们闲不住,就把奎山脚下的那条小河沟开挖一下吧!记住,要把挖的土堆积到一块儿!"人们听了吕母的话,抢镢挖沟,抬筐运土,在河边筑成了一个雄伟高耸的大土台。

吕母见起义的时机已经成熟,便登上高高的土台,流着热泪对乡亲们说:"我之所以帮助、救济大家,不为别的,只因县宰不仁,枉杀我儿,我想请大家帮我报仇雪恨!"众人都知道吕母的儿子吕育是因为替穷苦百姓说话而被杀害的,听到吕母的控诉后群情激愤,热血沸腾,纷纷表示愿意随她起事,反抗县令的苛政。

公元17年,勇气与智慧兼具的女英雄吕母率领180多人在琅琊郡海曲起义,首先举起了反抗王莽统治的大旗。吕母自称"将军",

受苦受难的老百姓积极响应，起义队伍很快就扩大到几千人。

经过一段时间的训练之后，起义军实力大增，吕母决定向海曲县城进军。

在选定的那个日子，年近半百的吕母身先士卒，冲锋在前，率领数千起义农民冲向海曲城正门。看守城门的士兵哪见过这样的阵势，吓得掉头就跑，连城门都忘记关了。于是，吕母起义军一举拿下了海曲城，活捉了作威作福、鱼肉百姓的县宰。

吕母满腔悲愤，历数县宰的累累罪行，最后宣布"杀人者当死"，将县宰枭首示众。

吕母率领的起义军破海曲、杀县宰的壮举震动了整个琅琊郡，惊动了几千里之外的大新皇帝王莽，同时也给了贫苦农民勇气和希望，他们一批一批地赶来参军入伍，起义军迅速发展到数万人。

为了避免被优势敌人困在孤城之中难以突围，吕母率部退出海曲县城，转战于崮河两岸和苍茫大海之上，声东击西，神出鬼没，一次又一次地重创前来围剿的官兵，声威大震，撼动京城。

老奸巨猾的王莽两手准备，一面暗中调遣精兵强将镇压吕母的起义军，一面又派使者前来劝降，表示如果起义军放下武器回归田里，皇帝将赦免他们的所有罪过。吕母和义军将士早就识破了王莽的险恶阴谋，没有一个愿意投降。使者回京复命，王莽又惊又怒，当场把使者削职为民，同时命令整装待命的官兵向吕母起义军发起进攻。

大兵压境之际，吕母冷静镇定，沉着指挥起义军撤离，一部分乘船顺崮河南下海边，一部分沿崮河两岸步行撤离。最后，两支军队在吕母早就看好的海岛上胜利会师。

吕母带领起义军将士在海岛上开荒种地，下海捕鱼，自力更生，丰衣足食。附近的贫苦农民，纷纷前来投奔，起义军发展到上万人。这支队伍，陆上海上，飘忽不定，可谓"神龙见首不见尾"，只要碰到有利时机，就上岸攻打新莽官兵，成了当地官府的一个噩梦。

遗憾的是，就在起义大业蓬蓬勃勃如火如荼地向前发展时，吕母不幸染病去世，永远离开了热爱她、拥戴她的广大将士、父老乡亲。吕母病逝后，她的部下加入了樊崇领导的大名鼎鼎的赤眉军，最终攻入长安，推翻了陷民于水火的新朝，杀死了万夫所指的王莽。

吕母虽然没有看到"冲天香气透长安，满城尽带黄金甲"的壮观气象，但她敢为天下先，以母亲名义起义造反的伟大光辉形象早已深深地铭刻在史册之上、百姓心中。时至今日，山东日照崮河崖上还有一座吕母崮，好像在默默诉说着女英雄吕母的感人故事。

迟昭平：两千年前的梁山好汉顾大嫂

有好事者曾经为四大古典名著之一的《水浒传》起过一个极具诱惑力的名字，曰：一百〇五个男人和三个女人的故事，"三个女"人指的自然是一百单八条梁山好汉中的三位女英雄：一丈青扈三娘、母大虫顾大嫂和母夜叉孙二娘。上面的顺序表示的是三位女汉子座次之先后，如果就名气而言，排在最前面的应该是孙二娘；就漂亮而言，仍然是扈三娘为首；就成熟而言，顾大嫂当之无愧位居第一。

顾大嫂固然是完全虚构的一个人物形象，但细看历史上的农民起义往事，还真就发现了一位与顾大嫂颇为相似的巾帼英雄，她叫迟昭平，生活在天下大乱、群雄蜂起的两汉相交那个特殊的历史时期。

第一，迟昭平和顾大嫂起事前都有开赌场的经历。

按照《水浒传》第四十八回所写，顾大嫂原本在登州东门外十里牌"开张酒店"，杀牛开赌，后来为了解救被诬入狱的姑舅兄弟解珍、解宝才不得不挺身而出和官府作对，从而走上了起义造反的道路。无独有偶，根据《汉书》记载，"是年（指昏君王莽统治后期的公元21年），平原女子迟昭平能说博经以八投，亦聚众数千在河阻中"，河阻在如今的山东省平原县西南，和顾大嫂酒店所在的登州东门外十里牌正好相映成趣，而博经则是古代一种具有赌博色彩的游戏活动，既可娱乐，又可健身，和现在的体育彩票有异曲同工之妙。

第二，两位女英雄都有极强的领导组织才能。

顾大嫂听说解珍、解宝兄弟被打入深牢大狱后，一面托乐和花钱在监狱打点以便保住二人性命，一面和丈夫孙新想方设法组织人员准备营救，还设计"诳骗"在官府任职的大伯哥孙立入伙，劫牢时她先是乔装改扮独闯虎穴，而后里应外合成功将解氏兄弟救出。如果说顾大嫂是一个好的领导者和组织者，迟昭平则是一个组织领导能力超强的女豪杰，她凭借着"能说博经"的特长，竟然能够秘密地把几千民众团结到自己的领导之下，并且成功地发动起义，给当地的贪官污吏和豪强地主以沉重打击。消息传到中央朝廷，王莽向群臣征求擒贼方略，大臣们个个束手无策，徒呼奈何，因为他们都被揭竿而起的女英雄震惊得失去了取胜的信心。

第三，迟昭平和顾大嫂后来都加入了实力更强的起义军队伍。

顾大嫂和孙立、孙新等人救出解珍、解宝后，为了避免被优势敌人包围，迅速离开登州西上投奔水泊梁山，在帮助宋江拿下祝家庄之后正式汇入了兵强马壮、威名远扬的梁山大军。迟昭平则在起义的第二年和北面的徐异卿起义军合成了一支实力更为强大的起义军，后来发展到十余万之众，作战范围也从平原一带扩展到了黄河西北的广大地区。刘秀建立东汉后，徐异卿接受了充满希望的新朝廷的招安，但女英雄迟昭平的最后归宿两千年来却一直是一个历史之谜。

顾大嫂和孙立、孙新为首的登州派在众多的梁山好汉中是最幸运的一个团体，除了解珍、解宝不幸阵亡，邹渊病死外，其余五人都从惨烈的征方腊之役中全身而退，得以善终；和顾大嫂颇为相似的女英雄迟昭平但愿也能幸运地躲过生命中的劫数，在不为人知的历史深处拥有一个不坏的人生归宿……

为什么王莽的新朝不被承认

　　曾有人问笔者这样一个问题——中国历史上一共有多少个朝代呀？笔者告诉他这个问题没有确定答案，只需要知道中国历史上有很多朝代就可以啦！

　　事实确实如此，因为按照不同的标准计算，这个问题会有不同的答案。即使只算统一的大王朝，答案也并不唯一，比如说武则天的大周算不算，王莽的新朝算不算。

　　中国历史向来有重男轻女的传统，关于武则天的大周得不到后人认可的事就在此不谈了，咱们专门聊聊王莽的新朝为什么从古至今一直不被历史学界所承认。

　　有人说新朝得不到承认是因为王莽是通过篡位登上帝位的。

　　可是从夏朝到清朝，篡位登基并获得后世承认的也太多了，小王朝就不必说了，大王朝中的隋、唐和宋都是通过篡位建立的，但它们在后世的人心中和后世的史书里都有着非常重要的地位。

　　有人说新朝得不到承认是因为它存在的时间太短，满打满算还不到二十年，可是在获得后世认可的朝代中，存在时间比新朝短的不止一个，五代中的后汉、后周、后晋、后唐存在的时间分别是四年、九年、十一年、十三年，都明显比新朝短。更值得一提的是，大名鼎鼎的秦始皇创立的秦朝和新朝一样仅仅存在了十五年。如果从王莽拥立汉平帝算起，他控制朝政大权的时间更是长达二十四年，这个年数又超过了傀儡政权东魏和西魏。

有人说新朝得不到承认是因为王莽没有创立影响深远的规章制度，和短命王朝中的秦朝、隋朝相对而言，这个说法是成立的，因为前者创立了集权专制的皇帝制度，后者创立了科举制、租庸调制等各种制度，但上文中提到的那些短命政权在制度创新上都没有什么值得大书特书的地方，不照样都得到后世承认了吗？

那么，王莽创立的新朝到底为什么得不到后世的承认呢？窃以为，原因其实非常简单，就显而易见地摆在中国历史的桌面上。

公元8年，王莽把年号改为始建国，建新代汉，堂而皇之地篡夺了西汉王朝的江山社稷。公元23年，绿林军攻入长安，王莽被杀，新朝灭亡，西汉皇族后裔刘玄建立了更始政权。公元25年，另一位西汉皇族后裔刘秀面南背北登基称帝，宣布光复大汉朝廷，这就是历史上的东汉王朝。刘秀统治时期被赞颂为光武中兴，这就意味着东汉王朝被公认为是西汉王朝的延续，这也就等于说王莽执掌朝政的那些年只是大汉王朝这支悠长乐曲的一个间奏而已，根本算不上另一个朝代。

简而言之，王莽的新朝之所以得不到后世承认，一个非常重要的原因就是它前面是汉朝，后面也是汉朝，再加上它存在的时间又特别短，于是就在很大程度上失去了历史存在感。武则天的周朝也处于这样的历史窘境，而她又是在古代受到歧视的一介女流，于是她的周朝也和王莽的新朝一样几乎被无视了。

东汉王朝

史上最牛的谶语

所谓"谶语",就是事后应验的话,故有一语成谶之说,但狭义的谶语,也就是人们经常提起的谶语,则指的是我国古代的政治预言。

史上最早的谶语是西周末年的"月将升,日将没。檿弧箕服,几亡周国"。周宣王姬静听到童子拍手而歌,知道必有女人干政,祸起山桑木做的弓和野箕草编的箭袋,于是下令禁止贩卖这两种东西,违者处死。有乡下的夫妇二人,由于不知情,拿着弓和箭囊叫卖,女的被抓住杀死,男的跑掉了,跑到河边,拾到顺水漂来的女婴,躲避到褒城。这个女婴长大后,就是使周幽王"烽火戏诸侯",几乎断送周朝八百年基业的褒姒。

秦汉时,谶言大盛,史上最牛的谶语也就应运而生了。

事情先要从篡夺了西汉政权的王莽说起。

王莽是一个特别喜欢找借口的人,他想通过谶语实现个人意图,而且他不是一般人,先期是权臣,后来则越俎代庖当上了皇帝,结果在他统治时期,研究谶语成了全国最热门的职业,而且成了一门学问，叫作谶学，或者谶纬学，他的朝廷里就有很多这方面的专家。

篡位前，王莽一直以外戚身份掌控着大权，对外说自个儿要做汉朝的周公，其实挖空心思就是想当皇帝。但是，辅政和当皇帝是两码事，当皇帝必须得有借口，名正言顺的借口，而这个借口谶语正好可以提供。于是就有人在挖井时挖出了一块石头，上面赫然写着八个大字："告安汉公莽为皇帝"。

我们闭着眼也能猜出来这块石头肯定是王莽派人埋的，但是，有了石头上的谶语，王莽就"名正言顺"了，所以，他对谶语很推崇。可是，他没想到的是，自己一手抢夺来的帝国最终也毁在了一句谶语上。

这句谶语是王莽的首席大国师刘歆通过一本叫《赤伏符》的奇书推算出来的，当然王莽不知道，他之所以不知道，是因为刘歆的野心里有自己的小算盘。

刘歆的父亲刘向是个杰出的学者，编辑过著名的史书《战国策》，刘歆本人在学术上也是颇有建树的，他不仅在儒学上很有造诣，而且在目录校勘学、天文历法学、史学、诗等方面都堪称大家。

刘歆是王莽的老同事、老朋友，早在汉哀帝时，王莽就推荐刘歆当上了侍中，后来又升为光禄大夫，成为皇帝身边的红人之一。公元9年，王莽去掉汉朝名号，正式当皇帝，在任命辅政大臣时，让老朋友兼死党刘歆当上了国师，赐封嘉新公，与太师、太傅、国将并列为四辅，位列"上公"。

刘歆推算出的那句谶语是这样的：刘秀发兵捕不道，四夷云集龙斗野，四七炎际火为主。这句谶语最关键的意思就是未来要做皇帝的是一个叫刘秀的人。

这就是历史上最牛的谶语，因为它给出了一个完整而明确的人名，而不是像其他谶语那样只言片语或语焉不详，而且这条谶语绝对不是刘秀自己造出来的，而是别人在刘秀出人头地之前研究出来的。

刘歆这个人的确很有才，但是他的人品有问题，在他推断出这句意义重大的谶语后，狐狸尾巴就露出来了——他宣布自己改名为刘秀。

这个刘秀可以说是典型山寨版的。刘歆改名的时候，找了个理由，说自己的名字和汉哀帝刘欣同音，为了避讳，所以才改名字，这当然也是一个借口。他不但改了名，而且后来果然在宫中谋反，准备杀了王莽自己当皇帝，结果事情败露，这个山寨版刘秀只好自杀了，正是"机关算尽太聪明，反误了卿卿性命"。

刘歆的皇帝梦虽然看似一场闹剧，他却也有着自己的铁杆粉丝，道士西门君惠就是其中的一个。刘歆自杀后，西门君惠作为余党被绑缚刑场，但他依旧死心塌地地相信刘歆推算出的谶语，非常虔诚地对围观的群众说："预言书的话没错，刘秀确实是你们的皇上！"

历史在戏耍了刘歆之后，好像又给了他一个面子，以铁一般的事实证明了他推算出的谶语的魔力——仅仅在他死亡两年以后，一个叫刘秀的人真的登上了皇帝的宝座，这个人就是后来使汉朝得以中兴的光武帝刘秀。

那么，刘秀当上皇帝是不是完全靠刘歆的这条神秘的谶语呢？

　　刘歆这条谶语的流传的确给了刘秀足够的勇气、力量和激励，正是这条最牛的谶语把他推上了千万人之上的皇位，这从他后来极为重视谶语的做法上可以得到验证。但如果因此认定刘秀当上皇帝就是靠了刘歆这条谶语，那就未免陷入了唯心主义的沼泽，而且太小看刘秀的内在素质了。

　　刘秀当皇帝，归根结底是靠了自己深厚的威望、出色的能力和坚忍的意志，归根结底还是靠实力说话。

口吐莲花的马援

马援好像并不是广为人知的历史人物，可他留下的"马革裹尸"这个成语却是尽人皆知，实际上，马援一生中还创造过不少和"马革裹尸"一样有含金量的名言警句。

作为第一个喊出"马革裹尸"的人，马援无疑是一员武将，可他和一般的武将颇为不同，因为这位将军一不小心就会口吐莲花。

马援出生于西汉末年的扶风郡茂陵县（今陕西兴平），长大后凭借学识做了郡里的督邮。后来，马援因为发善心私放苦刑犯不得不逃亡北地郡，在那里的苦寒环境中牧羊放马。但马援并不因此而消沉不振，相反他经常挂在嘴边的是这样一句话：丈夫为志，穷当益坚，老当益壮。马援此语对后世颇有影响，曹操的名句"老骥伏枥，志在千里。烈士暮年，壮心不已"，王勃《滕王阁记》中的名言"老当益壮，宁移白首之心；穷且益坚，不坠青云之志"明显都从马援身上汲取了营养。

马援不仅有着坚定不移的志向，还非常善于经营农牧业生产，经过几年的艰苦奋斗，他成了一位身价"牛羊马数千头，谷数万斛"

的成功人士。谈到自己的财富，马援一不小心又创造了一个流传两千载的词语——守财虏。当时马援是这样说的："凡殖货财产（经商生产），贵其能施赈（放赈助人）也，否则守财虏耳。"他是如此说的，也是如此做的，在离开北地郡前他把家产全部送给了有需要的亲朋故旧。

守钱奴和守财奴都是我们非常熟悉的典故，前者出于宋代诗人黄庭坚的《四休居士诗三首》，后者来自清末的谴责小说《二十年目睹之怪现状》，但是这两个词语的诞生无疑都要感谢马援当年的口吐莲花。

王莽的新朝灭亡后，群雄纷起，天下四分五裂，马援因受到陇右军阀隗嚣的礼遇重用，暂时栖身河西。公元 25 年，马援受命到洛阳面见刘秀，二人相见，惺惺相惜，面对刘秀的真诚，马援又一次发出了震烁历史时空的感叹：当今之世，非独君择臣也，臣亦择君矣。读至此处，方知"良禽择木而栖，贤臣择主而事"这句名言却原来在很大程度上拾了马援将军的牙慧。

马援最终放弃了首鼠两端的隗嚣，拒绝了虚伪狂妄的公孙述，选择了襟怀坦荡、求贤若渴的刘秀，凭借赫赫战功成为了东汉王朝的开国元勋。

马援西破羌戎，东除叛乱，南平交趾，北击乌桓，没有辜负自己"慷慨有大志"的人生定位，但有时也会有身心疲倦，渴望功成身退，安享余生的念头。这时他就会想起从弟（即堂弟）马少游曾经劝慰他的话："士生一世，但取衣食裁足，乘下泽车，御款段马，为郡掾史，守坟墓，乡里称善人，斯可矣。致求盈馀，但自苦尔。"这段话虽然是马援转述的他人之语，但其遣词用句，营造情境亦颇见功力。更有趣的是，淡泊名利、随遇而安的马少游竟然因此流芳百世，名垂千古了。刘禹锡、苏轼、王安石、林则徐等名人都曾在诗作中表达对他的仰慕，而大词人秦观则因慕其为人而以少游为字。

马援在交趾（今越南北部一带）前线为国平乱之际，听说他的两个侄子马严、马敦在京城结交了一些轻狂不羁的朋友，到处乱发议论，讥刺别人，就在万里之外给他们写信对其规劝警诫，这就是被收入《古文观止》的散文名作《诫兄子严敦书》。在这封语重心长的家信里，马援又给后世留下了两个生动传神的谚语，一曰"刻鹄不成尚类鹜"，一曰"画虎不成反类狗"，后者在穿越了两千年的历史时光后仍然活跃在我们的唇际耳边，前者现在虽不常用，其中包含的"取乎上，得乎中"的道理却并不因岁月的流逝而褪色。

从岭南凯旋后，马援又把目光转向不时骚扰北方边境的匈奴和乌桓，一心想着驱敌于国门之外，还百姓安定生活。当时，马援已经是年近花甲的老者，按理该在家中含饴弄孙，尽享天伦之乐了，但他却在亲友为之举行的欢迎宴上发出了他最著名的那句豪言壮语："男儿要当死于边野，以马革裹尸还葬耳，何能卧床上在儿女子手中邪？"马援是这样说的，更是这样做的，一个月后他就挥师北上，出现在燕山南北的广漠战场上。

几年后，南方武陵郡的五溪蛮（在今重庆、湖南、贵州交界地区）向东汉朝廷发起了挑战，光武帝刘秀下诏选拔南下平叛的将帅，六十三岁的老将马援又一次自告奋勇，上书要求带兵前往。

光武帝本来担心马援已是"廉颇老矣，尚能饭否"，在见识了他老当益壮、志在千里的风采后，禁不住赞叹道："矍铄哉是翁也！"这是他们君臣间的另一个历史佳话。

公元 49 年，六十三岁的名将马援在五溪地区的崇山峻岭间不幸因病离世，真正实现了他赤心报国、马革裹尸的铮铮誓言。

作为一个不一般的一代名将，马援给后人留下了三份厚重的遗产，第一是他南征北战、军功卓伟的戎马人生；第二是他心忧天下、为国纾难的英雄精神；第三则是他无意间创造的莲花般的妙言隽语，它们穿越了两千年的历史，依然熠熠闪光，而且将会继续流传下去……

董永：我的七仙女是刘秀

黄梅戏《天仙配》中与七仙女跨越人神界限，缔结千古良缘的孝子董永并非凭空臆造的形象，这个人物在历史上是实实在在存在过的。

俗话说，小孩没娘，说起来话长，一穷二白的董永的革命家史要从他的曾祖父董忠说起。

公元前68年，权臣霍光逝世，汉宣帝开始削夺霍氏家族手中的权力，为将来大刀阔斧地施政治国铺平道路，同时给被霍光夫人毒死的许皇后报仇。

以霍光之子霍禹为首的霍氏家族不甘心既得权力被人夺走，他们蠢蠢欲动，策划谋反，企图除掉汉宣帝，恢复往日的权势，甚至更进一步自己做皇帝。

在这生死攸关的时刻，长安城中的一个名叫张章的男子碰巧听到了霍家计划谋反的消息，于是他赶到皇宫，向宫门侍卫董忠报告了这一紧急情况。董忠见事态严重，迅速向他的上级左曹杨恽（司马迁的外孙）汇报，杨恽和侍中史高、金安上做了一番商讨后，认定这个消息属实，就向皇帝揭发了霍氏家族意欲逼宫夺权的阴谋。睿智英勇的汉宣帝当机立断，迅速行动，将一场即将带来山崩海啸的动乱消灭在了萌芽之中。

平定霍氏家族后，汉宣帝论功行赏，董忠被封为高昌侯，赐食邑一千户。另外四人也都获得了侯爵——张章为博成侯，杨恽为平通侯，史高为乐陵侯，金安上为都成侯。

从封侯那天起，逆袭成功的屌丝男董忠过上了锦衣玉食、奴仆成群的天堂般的日子。也许是幸福来得太快了，董忠感觉有些受不了，逐渐有了一些不安分的行为，后来更走上了违法犯罪的道路，最终导致食邑从一千户被削减到了可怜巴巴的七十九户。幸运的是，董忠的爵位并没有被剥夺，他的儿子董武、孙子董宏先后继承了高昌侯的荣誉称号。

天有不测风云，人有旦夕祸福，董宏万万没有想到会因为已经驾鹤西游的老爸而失去世袭了三代的爵位。

公元前1年，曾经失势的王莽回到京城长安，再次控制朝廷，接着他对此前站错队的大臣展开了大规模的清算。早已不在人世的董武真是躺着中了枪，因为"佞邪"之罪被削夺了高昌侯的爵位。于是，作为董武儿子的董宏就成了不合法的继承人，不但绝大部分家产被抄没收入国库，而且被赶出长安，以平民百姓的身份回到了千里之外的故乡千乘县。

当时的千乘县就是现在的山东博兴周围的地域。

有一句俗话叫"瘦死的骆驼比马大"，说的是慢慢变穷的名门望族。还有一句话叫"落架的凤凰不如鸡",指的是忽然贫困的豪富人家,董宏所遭遇的正好是第二种情况,这当然就更加的不幸。董宏是个典型的"富三代",四体不勤,五谷不分,早已失去了劳动谋生的能力,一旦落魄,除了吃老本就只有挨门乞讨的份儿。

董宏的儿子董永本来是个"富四代",家庭遭遇变故后,一下子变成了"穷二代",从小就要面对脸朝黄土背朝天,土坷垃里刨食吃的艰苦生活。

董永实在是个非常不幸的人,他不仅从小没有经历过丰衣足食的好日子,而且早早地失去了母亲。好在董永是个够坚强、能吃苦的孩子,在母爱缺席、贫困不堪的环境里最终长成了一个健康勤快、善良孝顺的阳光小伙子。

但命运对董永的考验并没有到此为止,他刚刚成年时,相依为命的父亲又离他而去了。董宏的去世对于一贫如洗的董家来说无疑是雪上加霜,可怜的董永囊中空空,举目无亲,只好卖身为奴,贷钱葬父。他的孝亲事迹很快传遍齐鲁大地,进而走向了黄河上下、大江南北。

当时在位的皇帝是以仁孝治国的光武帝刘秀,他知道了董永侍亲至孝、卖身葬父的事迹后深受触动,不胜感慨,就想帮一帮这个"道德楷模"。不久,光武帝进一步了解了董永的身世,知晓了他们家族曲折的经历,遂大笔一挥,宣布给出了孝子董永的董家恢复高昌侯的爵位。

孝心动"天"、苦尽甘来的董永从此过上了幸福的生活。

东晋文人干宝特别喜欢孝子董永这个人物，就在他的神话作品《搜神记》中给董永安排了"一场风花雪月的事"，于是，董永遇上了下凡的仙女（顺便说一下，《搜神记》中董永的妻子是织女，后来才演变成了七仙女）。

在传说中，七仙女是董永的救星，她替董永还清了债务，为董永带来了幸福。历史上的董永和传说中一样是个幸运者，但他并没有遇到仙女，如果非要给董永找一个"七仙女"，那么，他的"七仙女"应该是恢复了董家的世袭爵位，颁赐给董永良田美宅的汉光武帝刘秀。

张衡的爷爷不简单

东汉大科学家张衡被郭沫若赞誉为"在世界史中亦所罕见"的"如此全面发展之人物"，张衡的成就自然与他的天赋和努力密不可分，但他的爷爷张堪对他的影响也不可小觑。

张堪出身于南阳的世家大姓，但不幸的是他很早就失去了父母，不幸中的万幸是父亲给他留下了数百万的家产，足以让他安身立命，衣食无忧。可是，张堪并不看重这些，他热衷于品读经史，喜欢研究兵法，有着无比远大的抱负和理想。十六岁时，张堪将父亲留下的丰厚家产让给侄子，然后，一路西行到京城长安的太学求学。

太学是当时的全国最高学府，聚集了天下各地的英才翘楚，其中就包括后来的光武帝刘秀。张堪虽然是同学之中年龄最小的，但他不仅学业出众，而且品行超群，被大家尊称为"圣童"，刘秀对他更是特别喜欢，经常与他一起谈古论今，切磋交流。

刘秀登基称帝建立东汉后，张堪接受朝廷征召担任了郎中，几年后被任命为蜀郡太守，协助大司马吴汉征伐割据巴蜀的公孙述。

在这次重大战役中，张堪充分展示了他的文才武略，为东汉王朝的统一大业立下了不世之功。

公孙述当时是刘秀最强的对手，他统治巴蜀多年，兵强马壮，颇具实力。而吴汉则是刘秀手下最厉害的将领，攻无不胜、战无不克，什么样的硬骨头也难不住他。张堪率领七千骑兵赶到成都城外时，跟公孙述相持了数月的吴汉正准备退兵，因为剩下的军粮只能维持七天了。张堪知道公孙述的蜀军和汉军一样都已经是强弩之末，谁能够坚持到最后谁就是胜利者，所以，他建议吴汉不要撤兵，并且给出了一个示弱诱敌然后围而歼之的锦囊妙计。公孙述果然如张堪所料率领蜀军精锐出城追击正在撤退的汉军，结果中了埋伏，被吴汉瓮中捉鳖丧了性命，蜀地成功归入了大汉的版图。

张堪担任蜀郡太守的两年里，关心百姓，爱护兵士，为蜀地的和平与发展殚精竭虑，鞠躬尽瘁，蜀地的民众没有不拥护他的，人人都想为之扬名，个个都愿为之效命。当初统一蜀地进入成都的时候，公孙述的府库内珍宝堆积如山，张堪随意从中拿取一点儿就可以给子孙留下享用不尽的财富，但是，他将那些珍宝逐件记录上报朝廷，自始至终未曾动过私心。两年后，当张堪任职期满回都城洛阳向光武帝刘秀汇报工作时，他的座驾只是一辆断辕的破马车，车上的行李只是一些衣服被褥而已。

光武帝给张堪安排了更加艰巨的任务，也赋予了他施展才华的更大平台，他被任命为渔阳太守，担负起了抗击匈奴保卫北部边疆的历史重任。

渔阳就是现在的北京和河北东部一带，彼时经常受到匈奴人的侵扰，一些奸恶小人也趁机作乱，跟匈奴人勾结起来祸害百姓，结果整个渔阳郡人心惶惶，民不聊生。张堪到任之后，一方面四处巡访，抓捕引狼入室的汉人内奸；一方面操练骑兵，时刻准备着和匈奴铁骑决一死战。

张堪心系百姓，爱民如子，赏功罚过，治军有方，官兵民众都愿意追随于他，为他所用。在老百姓的支持下，张堪的军队在和匈奴人的交锋中越战越勇，匈奴骑兵再也不敢动辄越境挑衅了。曾经不可一世的匈奴首领自然不肯认输，纠集了一万匈奴骑兵向渔阳城发起了进攻，早已做好了反击准备的张堪毫不畏惧，率领数千铁骑风驰电掣一般出城迎敌。张堪面对敌军从容不迫，指挥若定，最终将匈奴人打得狼奔豕突，大败而去，此后数年间东北边境一直太平无事，百姓安乐。

恢复了渔阳的和平以后，张堪又把主要精力放在了发展经济、富民兴业上。他在狐奴县（今北京市顺义区一带）鼓励百姓开辟稻田十余万亩，让成千上万的民众逐渐过上了富有殷实的日子。

为了赞颂张堪的德政，渔阳百姓原创并且传唱起了这样的歌谣："桑无附枝，麦穗两歧，张君为政，乐不可支。""麦穗两歧"的意思就是一株麦子长出了两个麦穗，后人用来称颂国泰民安，功绩卓著；而"乐不可支"则已经成了一个众所周知的成语，当您使用这个成语时，肯定不会想到它竟然来自于大科学家张衡的爷爷张堪吧！

班固：二弟，你在哪里呀？

苏洵和两个儿子苏轼、苏辙以及女儿苏小妹的故事大家是非常熟悉的，遗憾的是，苏小妹是一个虚构的艺术形象，在历史上并无芳踪可寻。但是，从"三苏"时代向前推一千年，确实有一个和传说中的苏东坡一样非常幸运的人，他既有声名远播的父亲，也有功名盖世的弟弟，还有堪称当世第一才女的妹妹，他就是《汉书》的作者、史学大家班固。

班固的父亲班彪是司马迁的超级粉丝，他在博览群书、漫游各地之后，写下了数十篇《后传》作为《史记》的续篇，并且培养了班固对于历史的浓烈兴趣。公元 54 年，班彪不幸病逝，班固义不容辞地承担起了父亲的著史大任。

班固在修史上有着比他父亲更高的志向和追求，他要以更加优美信实的文字创作一部《汉书》，开创一个全新的体例——断代史。理想很丰满，现实很骨感，班固当时面临着两个难以解决的大问题，第一，作为长子的班固在父亲去世后要努力维持一家老小的生计；第二，身边的藏书非常有限，需要收集更多的相关资料。在这种情况下，班固的史书写作进展得比较缓慢。更糟的是，后来连这样的进度也成了不能完成的任务，因为有人以"私改国史"的罪名把他告到了皇帝那里。

当时东汉第二个皇帝汉明帝在位，尽管他是个明君，但仍然派人将班固从扶风郡押到都城洛阳关进了监牢，因为"私改国史"关系到民心向背，国家安定。

班固被捕后，班家人心急如焚，望眼欲穿，却不知道怎样才能让亲人脱离牢狱之灾。最后，班固的弟弟决定不顾一切到京城去告御状，向皇帝申明他们班家两代人忠于大汉、矢志著史的一片赤诚之心。

为了洗清班固的冤枉，班超单人独骑，快马加鞭，翻山越水，千里迢迢从扶风赶到洛阳，将一封他殚精竭虑写成的申诉书上交给了负责班固此案的廷尉府官员。好在那时正值历史上的"明章之治"，政府的上传下达渠道都可以正常快速运行，这保证了班固一案的顺利解决。班超的上诉书和班固的书稿很快摆到了汉明帝的御案之上，明帝没有发现书稿存在什么问题，却被班固的才识和文采深深地打动了，同时也被班超的骨肉情深感动了。于是，他大笔一挥写下一道圣旨，不但恢复了班固的人身自由，还任命其为兰台令史。兰台令史相当于现在的国家图书馆研究员，这正是班固梦寐以求的工作！

班固、班超兄弟二人之间的深厚感情在班固"私改国史"一案中得到了充分的展现，其实这其中还有一个大秘密一直以来被人们忽视了——看一看班氏兄弟的出生年代，我们会发现他俩都生于公元 32 年，而且从相关历史记载来看他们应是一母所生，这就意味着班固和班超是一对真正"亲密无间"的双胞胎兄弟，如此杰出的双胞胎在中国历史和世界历史上都可谓空前绝后。

班固来京城工作后，他的母亲和弟弟班超、妹妹班昭等家人也随他到洛阳生活。班超当年冒死上书的事迹给汉明帝留下了非常深刻的印象，不久也被任命为兰台令史，但班超素有建功边陲之志，不愿囿于文案，于是找了个机会投笔从戎，开始了为大汉朝北击匈奴、开拓西域的光辉历程。

班超志在保国安民，而班固则心系修史大业。在汉明帝和汉章帝（汉明帝之子）的支持下，班固博览众史，去粗存精，废寝忘食，笔耕不辍，终于在公元 82 年基本完成了《汉书》的编撰，实现了父亲班彪和他自己的人生夙愿。《汉书》起于汉高帝，到王莽被杀结束，共记载了二百三十年间的史事，包括纪十二篇、表八篇、志十篇、传七十篇，共一百篇八十万字，这是班固为中国历史做出的伟大贡献。

班固不是个躺在功劳簿上不思进取的人，虽然写完《汉书》时已经年届半百，到了知天命之年，但他"老骥伏枥，壮心不已"，渴望和弟弟班超一样纵横边地为国效命，立下盖世奇功，博个封妻荫子。

公元 89 年，东汉政府应南匈奴之请出兵讨伐连年入寇的北匈奴，统兵大将窦宪来自窦太后（汉章帝的皇后）的家族，而窦家和班家是世交，因此，班固有幸以中护军的身份参加了这次大规模的军事行动。

和卫青、霍去病一样，窦宪也是一个皇亲国戚中的军事奇才，他兵分三路向北匈奴发起攻击，打得敌人措手不及，仓皇北遁。三路大军在阿尔泰山区东部会师后，继续高歌北进，一直把北匈奴人赶到了燕然山（今蒙古国杭爱山）以外。意气风发的窦宪带领部下登上燕然山，刻石勒功，彰显大汉"虽远必诛"之国威，并令班固作《封燕然山铭》曰："铄王师兮征荒裔，剿凶虐兮截海外，敻其邈兮亘地界，封神丘兮建隆嵑，熙帝载兮振万世。"后世诗词中反复歌咏的"勒石燕然"即指此事也。

窦宪本来就是个非常自负的人，有了驱逐北匈奴，勒石燕然山的卓越军功后，就更加狂傲恣肆，不可一世，连皇帝都不放在眼里了，最终惹怒汉和帝被夺权赐死。班固和窦宪关系密切，自然也受到了牵连，先是被免去官职，后又被公报私仇的洛阳令种兢打入了深牢大狱。

洛阳令种兢为什么要迫害班固呢？事情得从班固的一个缺点说起。中国人一直热衷于跟着名人学教子之道，其实真正善于教育后代的不是名人，而是他们的父母。相反，名人中教子不成功乃至失败者并不在少数，班固不幸就是其中之一。

班固自己是个比较自律的人，即使在凭借军功升任重职之后也没有什么出格行为，但他忽略了对儿子们的管教，结果几个儿子成了整天酗酒的公子哥，并且在某一天闯了一个不大不小的祸事。

那一日，班固的儿子们驾车外出兜风，兴致正浓时冲撞了洛阳令种兢的车马。种兢的随从也是作威作福惯了的，过来就给班固家的车夫一顿呵斥加推打。班家的车夫更不是吃素的，借着酒劲以眼还眼、以牙还牙，还把班固搬了出来。当时窦宪权势正盛，而班固深受窦宪信任，种兢觉得自己惹不起这样的人物，就赶快息事宁人，匆匆离开了，但他从那时起就在心里和班固结下了梁子。

　　窦宪倒台之后，汉和帝下旨追捕窦府门客，以防他们暗中起事为主人报仇，种兢抓住这个机会把班固抓进了洛阳监狱。我们不知道班固在狱中遭受了什么待遇，但可以确定的是，不久这位原本无辜的大史学家就死于狱中了，时年六十一岁。

　　班固再一次身陷冤狱时，他肯定会想起三十多年前的私修国史案，想起弟弟班超不远千里冒死上书的同胞深情，可是这一次二弟却不可能赶到京城洛阳来为他喊冤请命了，因为班超远在万里之外的西域某地为国尽忠。遥想彼时彼境，年过花甲的班固对着窗外望眼欲穿时，心中定然会响起这样沉痛而绝望的呼喊：二弟，你在哪里呀……

　　汉和帝得知班固冤死狱中后，龙颜大怒，"诏以谴责（种）兢，抵主吏者罪"，但是，对于班固而言，这一切都来得太迟了。

造纸术背后的故事

众所周知，四大发明是中国的骄傲，说起四大发明，就不能不提到蔡伦这个人物。作为造纸术的发明者或改进者，蔡伦的名字可谓家喻户晓、妇孺皆知，可是却很少有人了解他的人生轨迹，而他的最后归宿则更不为人所知。

父母都希望自己的孩子聪明漂亮，活泼可爱，此乃人之常情。但在东汉初期的汉章帝时代，如果谁家的孩子是个智商高的小帅哥，父母在欣慰满足之余，却有着深深的隐忧。因为当朝天子热爱艺术（特别是书法艺术，"章草"书体就因他而得名），是个唯美主义者，喜欢派人到全国各地挑选秀外慧中的少年入宫为领袖服务，说得直接点，就是当太监。出生于湖南耒阳农民家庭的蔡伦不幸被选中了。

公元 75 年，十多岁的蔡伦失去了男人的命根子，流了很多血，承受了难忍的疼痛。随后，他离开生他养他的父母，被带到了几千里之外的京城洛阳，进了宫，开始了做太监的生活。所有这一切，会在一个孩子的心上留下怎样的烙印，每一个有感情的人都可以想象得到，但没有谁能够真正感受得到。

既来之则安之，小蔡伦从进宫的那天起，就决定要做一个出人头地的大太监。他勤奋工作，第二年就当上了小黄门。不久，蔡伦就被提升为主管公文传达的黄门侍郎，有了接触帝后妃嫔、王公大臣的机会。俗话说：常在河边走，哪能不湿鞋？蔡伦和后妃们见面交往多了，不由自主地介入了她们之间的明争暗斗。

　　当时，汉章帝的窦皇后肚子不争气，生不出儿子来，所以她一看见有了龙子的妃嫔，就妒火中烧，想方设法要将她们打倒，蔡伦竟然成了她的帮凶。窦皇后先指使蔡伦诬陷太子刘庆的母亲宋贵人"挟邪媚道"（就是借助歪门邪道迷惑皇上），逼她自杀，并将太子废为清河王；接着她又安排人写匿名信陷害皇子刘肇的母亲梁贵人，并强行将尚在襁褓之中的刘肇带走，当成自己的儿子，并让皇帝立其为太子。对于蔡伦来说，宋贵人之死成了他命中的"萧何"，既为他带来了意想不到的高官厚禄，也早早给他挖好了埋身的墓坑。公元88年，汉章帝驾崩，十岁的刘肇继位，这就是汉和帝，由以前的窦皇后、现在的窦太后垂帘听政。窦太后一掌权，蔡伦的春天来了，他因为害人有功而被提拔为中常侍，随时陪在小皇帝身边，参与国家大事，俸禄两千石。东汉后来的灭亡和太监乱政有着极大的关系，而蔡伦正是后汉宦官干政的始作俑者。

　　十年之后，蔡伦的靠山窦太后薨逝，但他马上投靠了新主子、和帝的皇后邓绥。实事求是地说，这个新主子并不是个坏人，作为皇后在历史上是有较高地位的。

　　邓皇后是个才女，喜欢吟诗作赋、舞文弄墨，同时她又是一个喜欢节约、不尚奢华的人，所以她非常需要一种比帛纸省钱、质地又好的纸张来写字画画。从小就聪明伶俐的蔡伦到这时才发现自己真正有了用武之地，于是，他自告奋勇兼任主管御用器物制作的尚方令，专心改进造纸技术。他总结西汉以来造纸经验，利用树皮、破布、麻头、渔网等原料精心制造出优质纸张，受到皇帝皇后的嘉奖，造纸术也因此在东汉全境得以推广。

就在蔡伦成功改进造纸术这一年，公元105年，汉和帝早逝，留下孤儿寡母执掌大汉江山。邓皇后升格成为邓太后。要说这邓太后也真是够命苦的，她紧紧抱在怀里的小皇帝两年之后也离她而去了。邓太后失去了唯一的儿子，只得从皇族中挑选一个孩子放在皇帝宝座上。最终，十三岁的皇侄子刘祜成功当选，他就是汉安帝。

刘祜当选皇帝把蔡伦吓了个半死，因为刘祜是清河王刘庆的儿子，刘庆是被废的皇太子，而他的被废和他母亲宋贵人的被害正是蔡伦和窦皇后二人的杰作。

好在传国玉玺还攥在邓太后手里，小皇帝只是个前台任人摆弄的木偶，蔡伦表面上的好日子还可以继续过下去。他被封为龙亭侯，步入了王公贵族的行列。后来，他又当上了长乐太仆，这个职位可不简单，因为只有最受太后信任的人才能胜任，而在当时，太后高于皇帝，所以蔡伦已经处于一人之下、万人之上的位置。

就在蔡伦忐忑不安的时候，邓太后丢下他撒手而去，汉安帝亲政了，蔡伦的好日子终于到头了。蔡伦是个要面子的人，觉得与其坐而待毙，受辱而死，还不如自行了断，一了百了，于是他选择了后一条路。

公元 121 年，为造纸术的发展做出了重大贡献的杰出科学家蔡伦在京都洛阳非正常死亡。

人所不知的张衡

众所周知，张衡是杰出的科学家。他精通天文历算，曾经两度担任执管天文的太史令；他创造了世界上最早用水力推动的浑天仪和能够测知地震的地动仪；他还著有《浑天仪图注》和《灵宪》等科学著作，为我国天文学、机械技术、地震学的发展做出了不可磨灭的贡献。为了纪念张衡的突出功绩，1977年联合国天文组织将太阳系中的1802号小行星命名为"张衡星"。人们还将月球背面的一环形山命名为"张衡环形山"。

但张衡不仅仅是个科学家。

张衡还是一位大文学家，他的《二京赋》（由《西京赋》和《东京赋》组成）和班固的《两都赋》堪称东汉文学的"双璧"，不但气势恢宏，文辞优美，讽喻深刻，具有较高的思想性，而且记述了当时的许多民俗风情，为研究东汉历史提供了丰富的资料。

他的抒情长诗《四愁诗》感情浓郁，动人心弦，文学史家郑振铎先生赞之为"不易得见的杰作"。

张衡的代表作还有一篇短小精美的《归田赋》，后世陶渊明的《归去来兮辞》和《归田园居》都颇受其影响。

张衡还是我国最早的文人画家。在他的画作中，不仅有天文器具画，还有不少人物画。他绘制的浑天仪不仅有重要的科学价值，而且造型优美、生动，是古代艺术的佳作。他在绘画理论上也颇有研究，他说："画工恶图犬马而好作鬼魅，诚以实事难形，虚伪无穷也"，指出了绘画重在写实的实质。

他还研究文字训诂的学问，著有《周官训诂》一书。当时崔瑗评价说：广大学者都对它提不出异议来。

他当过太史令，因而对史学也有许多研究。他曾对《史记》《汉书》提出过批评，并上书朝廷，请求修订。他又对东汉王朝的历史档案作过研究，曾上表请求专门从事档案整理工作，补缀汉皇朝的史书。可惜这些上书都没有得到皇帝大人的允许（当时私自编写史书是严重违法行为）。

张衡虽然在年轻时就已才闻于世，但他却从无骄傲之心，他的性格从容淡静，不好交接俗人，也不追求名利。大将军邓骘是当时炙手可热的权势人物，多次召他，他都不去。后来他虽然在朝廷的征召之下当了官，却因为这种性格很长时间不得升迁，但他对此毫不在意，而是孜孜于钻研科学技术。有的人劝他不要去钻研那些难而无用的技术，应该"卑体屈己，美言"以求多福，他写了《应闲》一文作为回应。在文中，他写道："君子不患位之不尊，而患德之不崇；不耻禄之不伙，而耻知之不博。"这两句掷地有声的话，表明了他不慕权势利禄而追求道德知识的高尚情操。

张衡虽然淡泊名利，却并非一味清高，不问世事。他内心深处有着自己的政治抱负，那就是：佐国理民，立德立功。而"佐国理民"的具体目标和方法则是改革时弊，加强礼制，剔除奸佞，巩固中央。

张衡生活的时代正是政治日渐腐败，宦官在和外戚的斗争中逐渐坐大，地方豪强趁中央衰落之际割据一方的东汉中后期，人民遭受着重重剥削压迫，处于水深火热之中。对这些社会上的黑暗现象，张衡为国纾难，为民请命，奋力进行抗争。他曾向顺帝上书，讽谏近世宦官为祸，要皇帝"惟所以稽古率旧，勿令刑德八柄不由天子"，要求皇帝"恩从上下，事依礼制"；对选拔人才的方法他也提出建议加以改革；在河间国任国相时他还积极进行了抑制豪强的斗争。无奈当时皇帝昏庸，朝政腐败，黑暗势力强大，东汉政权渐有病入膏肓之象，像张衡这样的仁人志士虽有杀贼报国之心，却已无扭转乾坤之机。

既然不能兼济天下，张衡只得选择独善其身，他逐渐有了消极避世的思想，但内心仍然充满了矛盾和痛苦，他晚年的诗赋里大量反映了这种情绪。后人曾把他的《四愁诗》和伟大诗人屈原的《离骚》相比，这并不是没有理由的。

公元 139 年，张衡病逝，葬于故乡南阳。

伟大的爱国者赵苞

《三国演义》中有十个祸国殃民的坏宦官，称为"十常侍"，大家都很熟悉，赵忠就是其中之一。这里要说的赵苞和赵忠是堂兄弟，但他却与他的那位堂兄有着天壤之别。

赵苞生活在东汉后期的汉灵帝时代。那时，外戚和宦官交替做庄把持朝政，将朝廷上下搞得一团糟，皇帝则醉生梦死，卖官鬻爵，享受着最后的疯狂。农民暴动的熊熊烈火正在地下奔腾翻滚，而境外的鲜卑、乌桓等游牧部族也正虎视眈眈地觊觎着风雨飘摇的大汉王朝。

赵苞，字威豪，出生在甘陵东武城（今河北清河、山东武城和夏津交界处），他从小就有着"修身养性齐家治国平天下"的远大理想，少年时即以勇武好义、孝顺父母而名扬乡里，并被州郡长官举荐为孝廉。东汉时期还没有科举取士制度，读书人若想步入仕途，有两条路可走：举孝廉或举茂才（就是我们熟悉的秀才，东汉时为避光武帝刘秀的讳改为茂才）。不久，朝廷派赵苞到广陵（今江苏扬州市）担任县令，他终于可以为民造福，为国尽忠，施展一下自己的远大抱负了。

赵苞的堂兄赵忠当时已是深受汉灵帝信赖的"十常侍"的领头羊之一，负责掌管朝廷文书，传达皇帝诏令。他和另一个大宦官张让狼狈为奸，把持朝政，把昏庸的皇帝玩弄于股掌之间，许多官员巴结"十常侍"唯恐不及，而洁身自好的赵苞却觉得赵忠的飞黄腾达是赵家的奇耻大辱，不但不逢迎巴结，而且以跟赵忠交往为耻。

然而，是金子总是会发光的，即使在天下大乱的东汉末年也不例外。任职广陵的六年期间，赵苞一身正气，两袖清风，深受百姓爱戴，而广陵境内则政教清明，年丰民富。赵苞的政绩得到了朝廷的肯定，他在公元 177 年被提升为辽西郡太守。

和秦朝及西汉时相比，东汉的辽西郡面积已经大大缩水了，因为原辽西郡的东北部被新兴起的乌桓政权占为己有，而东南部则建立了辽东属国。赵苞到任之后，积极修缮城池，训练将士，开垦土地，安抚百姓，整个辽西呈现出万众一心、同仇敌忾的气势，鲜卑等境外游猎部族再也不敢轻易入犯了。

鲜卑人的酋长知道自己遇上了一块难啃的硬骨头，就开始撇开阳谋玩阴谋，在赵苞周围的人身上花心思。

按照东汉时期的官僚制度，地方官到任的第二年就可以把亲人家属接到身边共同生活。不幸的是，当赵苞派人去家乡接老母和妻子时，消息传到了敌方酋长的耳中，于是，他们设下了一个阴险狠毒的计谋。

那年冬天的十二月，赵苞的老母和妻子乘坐的马车赶到了离阳乐城（辽西郡政府驻地）不远的柳城境内（今属河北昌黎），这时，一队鲜卑骑兵忽然现身，以迅雷不及掩耳之势劫走了赵苞的亲人。阴谋得逞的鲜卑酋长大喜过望，狂笑数声，而后立即下令押着赵苞的母亲、妻子作为人质去攻打阳乐城。

赵苞率两万兵出城与鲜卑人对阵，却万万没有想到自己的母亲、妻子已经落入了敌人手中。鲜卑人把赵苞的亲人推到阵前，威胁母亲向儿子喊话劝降。赵苞见母亲被绑不禁心如刀绞，五脏俱焚，突然他精神一振大声对母亲说："为子无状，欲以微禄奉养朝夕，不图为母作祸。昔为母子，今为王臣，义不得顾私恩，毁忠节，唯当万死，无以塞罪。"赵苞的母亲深明大义，远远地大声对儿子喊道："威豪！人各有命，何得相顾，以亏忠义！昔王陵母对汉使伏剑，以固其志，尔其勉之！"之后，赵苞含泪下令进攻。鲜卑酋长原以为赵苞这个孝子会为了使母亲活命而低头投降的，就没做打仗的准备，所以，鲜卑人根本经不住东汉军兵的冲杀，顿时阵脚大乱，纷纷后退，一直逃到燕山以北才敢停下来喘口气。气急败坏的鲜卑酋长在溃逃的路上杀害了赵苞的母亲和妻子。

打退敌军之后，悲痛欲绝的赵苞将亲人的尸身装殓起来，泣血祭奠。然后，他向朝廷上奏本章，请求允许自己护送母亲和妻子的棺柩归葬故里。汉灵帝虽然昏庸，也被赵苞母子的事迹深深感动了，他派使臣前来吊唁，并下圣旨封赵苞为鄃侯（鄃，古地名，在今山东夏津附近）。

赵苞回乡办完丧事之后，痛心地对乡亲们说："吃国家俸禄的官员如果因为私利而逃避职守算不得忠，牺牲母亲而保全忠义气节算不得孝，在忠孝不能两全的情况下，母亲为我而死，我感到非常愧疚，还有什么面目活在世上呢？"接下来的日子里，伤心过度的赵苞不停地呕血，终因心力交瘁而离世。

爱国英雄赵苞舍亲尽忠、舍命全孝的悲壮经历不仅在当时让在场者垂泪，令耳闻者叹息，两千年后的我们读之亦是荡气回肠，眼含热泪，不能自已。

崔烈：一世英名毁于一旦

诸葛亮在隆中隐居时，颇有一些隐士朋友，在《三国演义》一书露面的有四位，分别是徐庶、崔州平、石广元、孟公威。这几位隐士（包括诸葛亮）中，最纯粹最真实的要数崔州平了，因为他始终淡泊功名利禄，一直没有出来做官。之所以如此，原因肯定是多方面的，但其中的一个原因应该和他父亲崔烈不无关系。

崔州平的父亲崔烈也曾是一位非常受人尊敬的朝廷重臣，却由于晚年的极其糊涂之举，一失足成千古恨，沦为天下人的笑柄，以至于让儿子对仕途经济失去了兴趣。

崔烈出身于河北地区的高门望族、世家大姓——博陵崔氏，他的叔祖崔骃、从叔崔瑗、从弟崔寔都是当时的大名人。博陵崔氏的男子不但精于儒家经典，而且文采出众，个个写得一手好文章，崔烈自然也不例外。据《后汉书》记载，他至少有四篇作品传世，既有诗，也有文，还有赋。

崔烈是个忧国忧民的好官，他为官一任，造福一方，在每个地方都赢得了百姓的拥戴，留下了不错的口碑，同时也积累了充足的政治经验，为日后入京辅佐皇帝做好了准备。

因为崔烈"有重名于北州"，当时的皇帝汉灵帝为了显示自己重视人才，就将他调到京城担任九卿之一，相当于现在的部级干部。

汉灵帝统治中后期，东汉王朝政治上分崩离析，经济上入不敷出，眼看就要"国将不国"，难以为继，于是，"聪明"的汉灵帝一拍脑袋，想出了一个挣钱的好办法——卖官。

汉灵帝派人在京城的鸿都门贴出了卖官告示，并且把中央政府到地方郡县的各级官职都明码标价，从高到低一溜儿排开，供有钱的富人和无钱的无赖选择。为什么没钱的也能参与买官呢？因为告示规定：有钱的先交钱后授官，没钱的先授官，然后按期补交两倍的钱，由此可见，汉灵帝虽然是个浑蛋，但绝对不是个笨蛋。

做了笨蛋的是崔烈，而且一"笨"千年，再也回不去了。

崔烈从小就有着远大志向，而且凭借高贵的家世和自己的努力走到了九卿的高位。人心不足蛇吞象，崔烈并不满足于现有的官职，相反，他为此非常郁闷，因为他在九卿的职位上已经待了好多年了，却丝毫没有向三公（太尉、司徒、司空）之位迈进一步的光明迹象。眼看着自己很快就要到了致仕退休的年龄，崔烈心里越来越着急，如果在退位之前不能升到国家级的三公之列，那自己这么多年的奋斗和努力不就功亏一篑、毁于一旦了吗！

真是"天无绝人之路"，正在这个时候，汉灵帝的卖官告示在鸿都门张贴出来了。看到那张金光闪闪的皇榜，崔烈当时的心情，那真是连绵梅雨天气后"拨开云雾见太阳"。要知道，出身高门士族的他最不缺的就是钱了，对他来说，钱能解决的事就根本不是事。

兴奋劲儿过去后，崔烈并没有直接去负责卖官的部门交钱买官，他要顾及作为高门望族的博陵崔氏的名声。最后，崔烈走了一直比较欣赏他的汉灵帝乳母程夫人的门子，用五百万钱的代价从汉灵帝那儿换来了司徒的高位。等到举行授官仪式的那一刻，汉灵帝又有点儿后悔了，就悄悄地对身边的亲随说："这官卖得便宜了，应该可以卖到一千万钱的。"程夫人当时正好也在现场，她半邀功半安慰地回应皇帝说："崔烈是冀州名士，怎么会买官呢，要不是我牵线，连这些都没有。"

俗话说，好事不出门，坏事传千里，崔烈花钱买官的事很快就飞出朝堂，在京城内外传得沸沸扬扬，尽人皆知了。

崔烈本来就对自己当上司徒颇为心虚，当街谈巷议、闲言碎语传到他耳朵里时，他越发得惶恐不安。尽管崔烈因为买官之举寝食难安，他却不能把自己那见不得阳光的心事向别人倾诉，于是就想从儿子们那儿寻找点安慰。一天，实在受不了内心煎熬的崔烈问儿子崔钧（当时任虎贲中郎将）："我今位列三公，大家如何评论？"崔钧说："大人少有英称，历位卿守，论者不谓不当为三公；而今登其位，天下失望。"崔烈问其原因，崔钧说："论者嫌其铜臭。"顺便说一下，"铜臭"一词就是从这儿来的。崔烈听到儿子给出这样的回答，虽然差点气昏过去，但自知理亏，也只得强压怒火，找个无人之处去舔舐自己的伤口……

如果崔烈没有在晚年写下巨款买官的人生败笔，他会在历史上留下一个非常正面的形象。但历史没有如果，不能假设，过度的虚荣心已经把崔烈牢牢地钉在了耻辱柱上。虚荣心本也无可厚非，因为谁都难以免除，但一旦一个人被虚荣心冲昏了头脑，他就必定会像崔烈一样身败名裂，为天下笑。

张俭：历史上的好督邮

《三国演义》中有一个人有名无姓，她就是四大美女之一的貂蝉；有两个人有姓无名，她们是江东美女大乔和小乔；还有一个人既无姓又无名，就是那个索贿不成便陷害刘备结果却被张飞打得满地找牙的督邮。之所以说督邮这个人物无姓无名，是因为督邮不是人名，而是一个官职名称，督邮的全称是督邮书掾或督邮曹掾，为汉代郡守的左膀右臂，常代表太守督察所属各县，传达政策法令，并可处理法律诉讼。

督邮臭名昭著的另一个原因和东晋大诗人陶渊明有关。大家都知道陶渊明不愿"为五斗米向乡里小儿折腰"而挂冠辞官归园田居的故事，殊不知，逼走陶渊明的"乡里小儿"不是别人，正是从郡上下来视察的督邮刘云。这个家伙敲诈勒索，鱼肉乡民，谄上欺下，打击报复，和《三国演义》中的那个督邮是一丘之貉，一路货色。无名督邮和刘云这两块臭肉因为找大名人的麻烦而遗臭万年，并且把督邮这锅汤彻底弄臭了。结果，人们一听到"督邮"两个字就嗤之以鼻，唯恐避之不及。

但是并非所有的督邮都是贪官，东汉后期的山阳督邮张俭，即谭嗣同在临刑前赋诗赞颂的那位古人，就是一个万民拥戴、流芳百世的好官员。

张俭的家乡在山阳高平（今山东省邹城市），和孟子是老乡，从小就深受孟子浩然之气的影响，有着"富贵不能淫，威武不能屈，贫贱不能移"的高尚气节和坚强意志，是当时影响遍及全国，深受民众爱戴的名士之一。

张俭生活的东汉后期，正是皇帝昏庸、宦官专权的时代，深受汉桓帝宠信的大宦官侯览的老家在山阳防东（今山东省单县），他和他的亲属在防东的所作所为引起了极大的公愤，而一身正气的张俭当时正在山阳郡担任督邮一职。

据《后汉书》记载，侯览的亲属在他的庇护和唆使下，先后霸占百姓田地一百八十顷，宅第三百八十一所，模仿皇家宫苑兴建了十六处豪华府邸，并且强抢妇女，欺压百姓，害得许多人家妻离子散，家破人亡。张俭在下乡视察时了解到了侯览及其亲属弄得民怨沸腾、民不聊生这一惨烈现实，不由得义愤填膺，怒不可遏，当夜写成《举奏中常侍侯览罪衅》，揭露侯览一家的罪恶，请求皇帝对他们给予严惩。谁承想张俭的奏表最后竟然到了权倾朝野的侯览手里，侯览既怒又怕，一面把奏表扣压下来，一面开始想法整治张俭。

在侯览的授意下，和张俭同乡、无比嫉恨张俭的卑鄙小人朱并上书诬告张俭与同乡二十四人"别相署号，共为部党，图危社稷"，于是，朝廷下令通缉张俭等人。一心为国的张俭没有等来皇帝惩奸除恶的诏令，却得到了朝廷下旨捉拿他的噩耗，虽然内心无比痛苦，却不得不走上生机渺茫的逃亡之路，而且这一逃就是十八年。

侯览对张俭恨之入骨，必欲除之而后快，派人在全国范围内展开了大追捕。为了不被追捕他的官兵发现，张俭只好白天藏身晚上行路，他也不知道到哪儿生命才能获得安全，只好一路向北而行。当张俭走到曲阜时，饥饿难忍的他不得不去投奔家在此地的好友孔褒。孔褒正好外出不在家中，出来迎接他的是孔褒的弟弟孔融，不错，就是以让梨知名的孔融。虽然孔融当时只是个十三岁的少年，但他勇敢地让张俭留了下来。几天后，张俭的身体恢复好了，就悄悄地离开孔家继续北上。

不幸的是，孔家收留张俭的事儿不久还是被官府知道了，这才有了孔褒、孔融兄弟和他们的母亲争着承担罪过的历史佳话，最终，孔褒因为窝藏朝廷钦犯而被杀死。

朝廷的血腥政策并没有吓倒有正义有良知的人们，他们冒着生命危险为"望门投止"的张俭提供衣食，帮助张俭脱逃。因为他们知道张俭是光明磊落、无私无畏的名士，知道张俭是关爱百姓、为民请命的好官。在这些善良、勇敢而伟大的老百姓的支持下，张俭成功到达了长城以北的塞外，彻底逃脱了侯览血迹斑斑的魔爪。

公元184年，黄巾大起义爆发，为了团结士大夫共同镇压黄巾军，汉灵帝解除了党锢禁令，张俭这才从塞北大漠回到故乡高平。在随后的那些年里，先是宦官专权毫无改变，接着又是董卓等凉州军阀控制皇帝，张俭对朝政感到非常失望，尽管朝廷几次征召他进京做官，他都以年迈体弱为由谢绝了。建安初年,高平百姓遭遇了大饥荒,张俭拿出自己的全部财产扶危济困，帮助大家渡过难关，使数百饥民得以存活下来，又一次为他曾担任过的督邮职位增了光添了彩。

督邮本来只是一个官职，和别的职位一样无所谓好也无所谓坏，但是一个人的所作所为既可以让他的职位升华为真善美的象征，也可以使它沦为假恶丑的标签。《三国演义》中因贪被打的督邮和被陶渊明鄙视的刘云是后者的例子，品行高洁、众人爱戴的张俭则无疑是前者的证明。

原来他才是白马将军

著名爱情故事《西厢记》里有一个虽非主角却给人们留下深刻印象的人物，那就是白马将军杜确，究其原因主要是白马将军这个名号太优美太动听了。如果让大家从三国名将中选一位来对应白马将军，大家可能会想到赵云、马超，也可能会想起周瑜、陆逊，但正确答案并非以上四位帅哥，而是出乎大家意料之外的公孙瓒，要知道，人家公孙太守当年也是美男一枚、男神一尊呢！

年轻时候的公孙瓒不仅高大英俊，而且才智过人。这样的帅哥谁见了会不喜欢呢？这样的男神谁见了不想做他老丈人呢？涿郡的刘太守自然也不例外，他对公孙瓒一见钟情，立即想办法让这个帅小伙做了自己的女婿，并且安排公孙瓒做了自己的机要秘书。

就在公孙瓒梦想着在老丈人的帮助下"好风凭借力，送我上青云"时，他的岳父不知为什么犯了重罪被发配遥远偏僻的交州日知。这个地方有多远，说出来至少会吓你两跳，在现在的越南境内。公孙瓒面临突如其来的人生重大变故，没有选择逃避，更没有落井下石，而是装扮成负责押送的士兵保护着囚车中的岳父南下交州。幸运的是，走了没有多少日子，刘太守就因为朝廷大赦而恢复了人身自由。

东汉王朝是以孝治天下的，公孙瓒对岳父的孝义之举得到了人们的高度赞扬和热情传诵，很快他被推举为孝廉，不久就被任命为涿县县令，开始了独当一面的政治生涯。

东汉后期，鲜卑、乌桓等游牧部族的势力范围已经越过长城达到了幽州东部和北部，因此，涿县已经成了当时的战争前沿，不时受到鲜卑、乌桓骑兵的侵扰。公元 180 年前后，渔阳（今北京市密云县）人张纯勾结辽西乌桓首领丘力居发动叛乱，幽州东北部一带"黑云压城城欲摧"，老百姓陷入了水深火热的战乱之中。在这种形势下，东汉朝廷征发了三千精锐骑兵让公孙瓒统率御敌，并且授予他都督行事的符节。

公孙瓒率领三千骑兵在石门与张纯、丘力居的叛军展开激战，叛军大败，向东逃窜，公孙瓒带兵追击时，由于孤军深入不幸被丘力居围困于辽西管子城。公孙瓒和他的部下拼力死战，在付出重大代价后逼得粮食断绝的叛军不得不退守柳城。这一战令公孙瓒名声大震，朝廷升任他为骑督尉，封都亭侯。后来，乌桓的另一个首领贪至王率众来降，公孙瓒因此升为中郎将。

此后的五六年间，公孙瓒多次带兵与鲜卑、乌桓作战，战功卓著，名震边塞。鲜卑、乌桓各部落都被公孙瓒的勇猛震慑住了，再也不敢前来进犯。公孙瓒非常喜爱白马，每次都和他身边的精兵强将骑着白马冲锋陷阵，英勇杀敌，边地的军民都尊敬地称他为"白马将军"。

　　就在公孙瓒事业蒸蒸日上、精神意气风发的时候，朝廷派来了一个"不速之客"——幽州牧刘虞。实事求是地说，刘虞是一个很正派的人，但他的到来令公孙瓒倍感不爽，因为从某种意义上说刘虞是被安排到公孙瓒身边以防后者势力坐大的，这个不友好的开端为日后两人的悲惨结局埋下了伏笔。

　　对于鲜卑、乌桓等游牧部族，公孙瓒是强硬派，他只相信枪杆子的力量；刘虞则是温和派，他主张以怀柔政策进行招抚，这进一步加深了两人之间的矛盾。

　　刘虞到任后亲自到乌桓各部落慰问，晓之以理，动之以情，希望他们帮助朝廷追捕叛贼张纯，重建边塞和平。丘力居等知道了刘虞的态度后，纷纷派遣使者前来示好，公孙瓒这时显示出了心胸狭窄、不顾大局的一面，他竟然暗中派人去路上劫杀这些使者，以阻挠刘虞招抚政策的成功。刘虞了解了事情真相后对公孙瓒的做法感到非常愤怒，二人的矛盾又深了一层。

　　不久，张纯的手下将其杀死并把他的首级献给了刘虞，刘虞因平定叛乱，安抚乌桓有功而被授予太尉之职，很快又升为大司马。在幽州战事渐趋平定的情况下，刘虞上书朝廷请求裁撤驻防军队，朝廷同意了刘虞的建议。裁军完成后，公孙瓒统率保留下来的万余步兵骑兵屯驻右北平，在治军的同时担任右北平太守一职。

　　按照《三国演义》中的描写，第二年，即公元190年，公孙瓒带领刘备、关羽、张飞等人参加了十八路诸侯伐董卓的重大军事行动。但是根据历史记载来看，讨伐董卓的诸侯最多只有十三家，而且和公孙瓒没有直接关系。顺便说一下，公孙瓒和刘备确实是有同学之谊，他们都是大学者卢植的弟子。

公孙瓒当时在干吗呢？他正在集中精力对付黄巾军。公元 191 年，青州黄巾军聚众三十万攻打渤海郡，打算借此和黑山军会合。公孙瓒率领两万骑兵和步兵在今天的河北东光以少胜多，把黄巾军打得落花流水，渡河而逃。当残余的黄巾军渡河渡到一半时，公孙瓒再次发起攻击，结果黄巾军死者数万，被俘七万余人，损失车甲财物无数，公孙瓒又一次威名大震，"白马将军"的名号一时间如日中天，光芒万丈。

摧垮青州黄巾军后，公孙瓒趁机在冀州、青州、兖州扩张势力吞并地盘，并且未经朝廷同意私自任命严纲为冀州牧、田楷为青州牧、单经为兖州牧，而且还配置了郡首县令。这个狂妄而错误的举动至少导致了两个严重后果：其一，冀州的实际占有者袁绍把公孙瓒视为了一号敌人。其二，忠君爱国的刘虞认定公孙瓒有叛乱之心，如不早日铲除，必成国家心腹之患。

刘虞在做了充分准备之后，率兵十万对公孙瓒发起了突然攻击。遗憾的是，刘虞乃是文人出身，不善用兵，又下令不准军队骚扰百姓，所以战事一直没有取得明显进展。公孙瓒从仓促应战中平静下来以后，找了个合适的天气，派人顺着风势放火（这个枭雄是不在乎烧毁百姓庄稼的），随后带兵杀入刘虞军营，结果刘虞大败，北逃至居庸城。不久，居庸城被攻破，刘虞和妻子儿女不幸被俘，公孙瓒这时充分显示了他心狠手辣的一面，他诬陷刘虞和袁绍勾结意欲称帝，并以此为借口杀害了刘虞一家。

摒除了刘虞的势力后，公孙瓒占据了整个幽州，真正成了独霸一方的诸侯。此后，公孙瓒日渐骄矜，其事业则日益衰退，最后像《三国演义》中描写的那样，在袁绍的强烈进攻下落得个众叛亲离，自焚而死，白马将军的传奇人生就此拉上了沉重的大幕。

秦宜禄：这个陈世美很痴情

公元 2 世纪、3 世纪之交，中国大地上曾经有一个让两位顶天立地的大英雄为之倾倒的苦命女子，两位英雄中一个功业成就顶天立地，姓曹名操；另一个忠义人品顶天立地，姓关名羽。而她之所以被称为苦命女子，主要是因为其前半生的命运堪比民间传说中八百年后的秦香莲。

历史好像在残酷地跟这个苦命女子开玩笑，不但为她设计了和秦香莲相似的悲苦命运，而且给她安排了一个姓秦的丈夫。

她的丈夫名叫秦宜禄，在历史上几乎没有什么名气，但他的主公却大大的有名，不是别人，正是那位以"马中赤兔，人中吕布"名闻天下的吕布吕奉先。

秦宜禄是个爱喝醋的"老西儿"，老家就在现在的山西省原平市（县级市，属忻州市），当时叫云中县，归并州太原郡管辖。

秦宜禄是作为伪装杀手在历史上首次出场的。彼时他和陈卫、李黑等人假扮成宫门卫士，手持长戟，站在皇宫大门两边，紧张而又兴奋地等待着董卓的到来。

董卓乘坐的羽葆盖车在四匹高头大马的牵引下刚刚到达皇宫门口，秦宜禄等人就端起长戟冲了上去，有的朝车里猛刺，有的奋力拦住受惊欲奔的马匹，老贼董卓早吓得尿了裤子，拼了命地大叫"奉先我儿救我！"说时迟那时快，吕布吕奉先闻声跳上华丽的"龙车"，长矛一抖，就把他那曾经的干爹给挑到西天去见如来佛祖了。

在大家的印象中，吕布是个好色的人，其实他更像"弱水三千，我只取一瓢饮"的痴情男，他好像只爱貂蝉一个，对别的美女并不感兴趣，至少他没骚扰部下秦宜禄的美貌妻子。

秦宜禄的妻子杜氏是个大美女，她有多么美历史上没有记载，但后来事态的发展证明她的美不同凡响，天下无匹——她既可以令侠肝义胆的关羽动心，又可以让阅女无数的曹操着迷。

除掉国贼董卓之后，吕布一时风光无限，权倾朝野。后来，董卓旧部兵犯长安，兵力不足的吕布不得不退出关中地区，几经辗转后最终在徐州落下脚来。秦宜禄算得上一个忠臣，一直不离不弃地跟在吕布身边。

吕布初到徐州时，徐州是刘备的天下，刘备让他屯兵徐州属下的小沛。后来，刘备与袁术在曹操挑拨下发生冲突，忘恩负义的吕布竟然乘机攻占徐州城，摇身一变反客为主。可怜的刘备回师时已是无家可归，只好反过来求吕布收留，吕布好像要故意羞臊刘备，又把小沛借给了他。

胸怀壮志的刘备在小沛很快聚集了多达万人的军队，吕布感到十分讨厌，于是派秦宜禄南下江淮联络袁术。很快，袁、吕合作协议达成，双方联合起来向刘备发起了猛烈攻势，势单力孤的刘备只好西投曹操。

秦宜禄成功完成了"联袁打刘"的任务，自己却被困在了袁术那儿。袁术这家伙抓住秦宜禄就不撒手了，不知是因为他觉得秦宜禄是个难得的人才，还是因为他想把秦宜禄作为人质拿吕布一把。为了让秦宜禄安安心心、踏踏实实地待在他袁某人的一亩三分地里，袁术还用了美人计，给秦宜禄娶了没落的大汉公主做老婆，于是秦宜禄无意间成了抛妻弃子的"陈世美"。

但秦宜禄是被"陈世美"的，他不仅没有"欺君王，藐皇上"的狂妄，更没有"杀妻灭子良心丧"的狠毒，而是身在袁营心在徐，一直痴情地牵挂着徐州的娇妻幼子，同时也焦虑地关注着徐州战事的发展。

遥想一千八百年前这个痴情"陈世美"当时的处境，也许大诗人杜甫身陷叛兵控制之下的长安时所写的那首《月夜》正可作为其心境的写照，只需将其中的"鄜州"改为"徐州"，"长安"改为"淮南"即可：今夜徐州月，闺中只独看。遥怜小儿女，未解忆淮南。香雾云鬟湿，清辉玉臂寒。何时倚虚幌，双照泪痕干。

其实，当时还有一个男人在思念着秦宜禄的美貌妻子杜氏，这个人是谁呢？说出来您也不信，他就是大名鼎鼎的关羽关二爷，即那位和"文圣人"孔子齐名的"武圣人"。

关羽和杜氏相遇应该是在刘备和吕布表面上还保持着友好关系的日子，具体何时何地已不可考，但从关羽日后的表现来看，可能杜氏当时对他回眸笑了一下，而杜氏后来秦香莲式的不幸遭遇无疑进一步激发了关羽的怜香惜玉之心。

建安三年，即公元198年，据《三国志》等书记载，曹操与刘备围吕布于下邳，关羽屡请曹操，欲得秦宜禄妻。曹操疑其有色，及城陷，曹操见之，乃自纳之，并养其子于后宫。

曹操抢走杜氏这个事情证明貂蝉这个美女在历史上是不存在的，否则，曹阿瞒肯定会在绞死吕布之后让自己的后宫多一个貂夫人。

不久，打算过把皇帝瘾就死的袁术最终如愿以偿了，他炮制的仲氏政权也随着土崩瓦解，寿终正寝，秦宜禄终于获得了自由。他孤身回到下邳城来寻找娇妻幼子，无奈已是人去楼空，空留遗恨了。

身在许昌的曹操听说杜氏的正牌老公来找老婆孩儿了，心里非常不好意思，内疚得很，就让汉献帝发下一道圣旨，任命秦宜禄担任了县令一级的铚长，和张飞成了同事。

失去娇妻爱子的秦宜禄心情糟糕透了，于是这个痴情的男人和酒交上了朋友，这正好合了张飞张三爷的胃口，二人变成了无话不言、言无不尽的酒友。后来，刘备打算脱离曹操自立门户，以免为其所害，于是张飞就来发展秦宜禄这只潜力股。

二人见面之后，秦宜禄和平时一样，一喝就情不自禁了，"睚目大呼杜氏，苦不能见"，张飞就趁机对他说：老秦，你也是个纯爷们儿，可是，人家曹阿瞒霸着你的老婆，你却窝窝囊囊地在他手下当这么个七品芝麻小官，这真是奇耻大辱啊！你还是和我一起跟刘备大哥去干革命吧！秦宜禄闻听此言，答曰："不可！去则远杜氏矣！"

张飞见说不动这个情种，便等到他喝醉了，把他捆起来，扔到马上上路了。

行至数里，秦宜禄酒醒，对张飞曰："君子不可夺志，吾爱吾妻，吾爱吾子，誓不远离矣。"张飞说："曹操相府深宫高院的，见面谈何容易？再说，你老婆攀了高枝，可能早把你忘到爪哇国去了。"秦宜禄曰："不然也！不义者，曹操也，非关妇孺。吾若随使君去，则再无机会复见妻子矣。"

张飞见秦宜禄如此坚决，只得"默然解宜禄缚"，送他一匹马让其自便。

秦宜禄刚走一会儿，就来了一个人，一个决定了他最终命运的人，这个人是谁呢？不好意思又是关羽。关羽听完张飞遗憾又惋惜的叙述，一面赞叹"真义人也！"一面"独骑追之"，很快，关羽提着秦宜禄的首级回来了，飞大惊，羽曰：这样的人才不能留给曹操，故杀之。

被"陈世美"的秦宜禄就这样因为对妻子忠贞不渝的爱失去了自己宝贵的生命。杀人凶手关羽的结义大哥刘备有一句名言曰"兄弟如手足，妻子如衣服"，而关羽和张飞在传说中也曾为了追随刘备而杀死了自己的妻子儿女。相比之下，秦宜禄这个不够英雄的男子对妻子的一往情深却成就了三国乱世里人性的一抹亮色，因此显得尤其珍贵。试想，一个人如果连自己的老婆孩子都毫不在乎，还能指望他真心实意地为老百姓谋福利吗？

　　如果秦宜禄地下有知，有一个事还可以安慰一下他那颗伤痕累累的心——他的儿子秦朗在曹操那儿一直生活得很好。秦朗应该是个漂亮可爱、聪明乖巧的孩子，以至于曹操曾经非常骄傲自豪地问大臣们："世有人爱假子如孤者乎（世上有人像我这样疼爱不是自己亲生的儿子吗）？"曹操死后，曹丕、曹睿两代皇帝也对秦朗信任有加，委以重任。

拍马屁也能要人命

　　大家都知道，曹操的势力是凭借"挟天子以令诸侯"的政治策略发展起来的，其实，作为曹操主要对手之一的袁绍接触这个理念的时间更早。但是，他没有把握住上天赐予的宝贵机会。

　　曹操身边有五大谋士，分别是荀彧、郭嘉、贾诩、程昱、荀攸；袁绍帐中亦有为数不少的智囊性人物，比如田丰、沮授、审配、许攸、郭图、逢纪等，其中的沮授是三国群英中提出"挟天子以令诸侯"策略的第一人。

　　公元 195 年，汉献帝在河东各地辗转流亡之际，沮授建议袁绍把献帝迎到袁氏控制的邺城，以奉天子之名行令诸侯之实，袁绍听后也动了心。这时，袁绍的老伙计、名将淳于琼站出来表达了自己的看法，他认为汉室难以复兴，而且皇帝来了会削弱袁绍集团的权力。袁绍按照自己的想法权衡利弊后，选择了放弃汉献帝这张王牌。

　　曹操在 196 年迎汉献帝至许都后，眨眼间华丽转身，从割据一方的小诸侯变成了一人之下、千万人之上的曹丞相，而且有事没事儿就向袁绍发号施令。袁绍的势力当时远远胜于曹操，他怎么能咽得下这口气呢？于是就派人告诉曹操许都低洼潮湿，应当将都城迁到郾城，以便靠近粮食丰足之地。实际上他是想把都城迁到离自己的邺城较近，便于控制的地方。但曹操根本不给他面子，不仅一口回绝，还以皇帝的名义下诏书责备他兵多将广却不肯勤王，专树私党且屡起战端。袁绍明知皇帝圣旨所言都是曹操的意思，却也无可奈何，无计可施。

不久，曹操发兵征讨割据南阳的张绣，许都空虚有机可乘，田丰审时度势，向袁绍献上了他的撒手锏——"迁都之计既已不能实现，应该尽早夺取许都，奉迎天子，那时我们也可以诏书为名，号令四海，这才是上策。"但袁绍此时已经坐拥冀州、青州、幽州、并州的广大土地，心态也随着地盘的扩大发生了巨大的变化——他不再满足于做一个独霸一方的诸侯，皇帝梦在他的内心深处蠢蠢欲动，他的反应完全出乎田丰和读者的预料，他稍做犹豫后坚决拒绝了袭取许都这一锦囊妙计。

袁绍意欲称帝的野心一天天地显露出来了。

之前袁绍经常会派人到许都向汉献帝进贡以表忠心，有了过把皇帝瘾的想法后，他进贡的次数越来越少。就在这时，他收到了一封来自淮南的"不速之信"。信是他同父异母的兄弟，占据淮南一带的袁术写来的。

袁术虽然和袁绍是同一个老爸的亲兄弟，但前者乃正牌老婆生的嫡子，后者是小老婆生的庶子，就像《红楼梦》中的贾宝玉和贾环一样，所以袁术一直看不起袁绍，几乎从不与其来往。尽管袁绍、袁术二人"道不同不相与谋",可在称孤道寡,给老袁家"光宗耀祖"上心思却出奇的一致,而作为正根嫡子的袁术在这个事儿上动得更早,走得更远。

公元 197 年,袁术"幸运"地从孙策手中获得了秦始皇当年御用的传国玉玺,于是就想当然地认为自己是真命天子,在比弹丸之地略大一些的淮南面南背北地当起皇帝来了,还给自己搞了个相当个性的国号叫仲氏。袁术在淮南折腾了两年,把那儿弄得民生凋敝,饿殍遍野,把自己搞得屡遭败绩,众叛亲离,最后陷入了想喝点蜜水都不可得的窘境。袁术在呕血而死之前,想起了可以继承他"遗志"的同父异母的哥哥袁绍,这才有了前面的那封"不速之信"。

袁术在信中说了些什么呢?他竟然一改过去对袁绍的不屑和鄙视,把他眼里的小老婆生的儿子捧上了天。他赞美袁绍坐拥四州,民户百万,实力超强,德行高尚,然后表示愿意以帝号相让。袁绍见了袁术的来信,登基称帝的想法越发坚定起来,就找了个机会暗示主簿耿苞为自己当皇帝寻找符命、祥瑞方面的证据。

耿苞一见未来的袁皇帝把这么重大的"革命"任务暗示给了自己,激动得几天没有吃好饭,几夜没有睡好觉,一边梦想着自己将来的飞黄腾达,打定心思要狠了命地拍一把马屁,一边忘我地投入到了寻找符瑞的运动中。经过一番殚精竭虑、搜肠刮肚的"求索",耿苞"发现"袁氏家族是轩辕黄帝的后代,这一下子就大大抬高了袁绍的地位。耿苞还有进一步的发现——按照五行理论,黄帝代表土德,汉朝皇帝代表火德,而土德正好是火德的克星,所以,汉朝衰败之际，正是作为皇帝后裔的袁氏家族崛起并且取而代之的时候。

当耿苞把他的"袁氏称帝理论"汇报给袁绍的时候，袁绍在超级马屁的熏陶下感觉像腾了云驾了雾一样，简直要美上天了。于是，他怀揣着蠢蠢欲动的心迫不及待地把耿苞的重大发现在军府僚属会议上公开了。袁绍原本期待着僚属们闻听此言马上会齐刷刷地拜倒在他面前，山呼万岁，但结果却完全出乎他的意料，他们不仅没有异口同声地表示拥戴袁绍称帝，而且大都痛斥耿苞妖言惑众、混淆视听，应当杀头以儆效尤。

袁绍一看自己的称帝企图犯了众怒，赶忙顺坡下驴，把一切责任都推到了耿苞的身上，于是，超级倒霉却也是咎由自取的耿苞就被不容分说地推出去砍了脑袋。这正是：拍马有风险，伸手须谨慎。后世之人有此好者，不妨从这桩拍马屁引起的命案中吸取些血的教训……

好兄弟其实只是个传说

在《三国演义》读者的印象里，马超的老爸马腾和韩遂一直是肝胆相照、同生死共进退的铁杆兄弟，其实在真正的历史上他们两人之间的关系远没有这么简单，也远没有如此和谐。

因为《三国演义》的作者总是说"马腾韩遂"，而不是"韩遂马腾"，大家就想当然地认为马腾是长兄，韩遂为兄弟。但根据历史记载来看，马腾才是小兄弟，韩遂才是老大哥，而且韩遂的资历比马腾深得多。

韩遂原名韩约，早年一直在西凉官署任职，进京公办时曾经建议大将军何进诛灭宦官，但何进没有听从。公元184年，中原地区爆发了张角领导的黄巾大起义，凉州的羌人头领北宫伯玉也趁机举起了反抗朝廷的大旗，并且绑架了当时担任凉州从事的韩约，韩约为了求生被迫做了北宫伯玉的军师。后来，韩约慢慢适应了造反的生活，而且还凭借着自己的军事才能取代北宫伯玉成了起义军的一把手，从这时起，韩约就改名叫韩遂了。

在韩遂的指挥下，凉州起义军攻城破郡，纵横西凉，引起了东汉朝廷和凉州各级政府的极大恐慌。为了更快更好地平定叛乱，凉州刺史耿鄙命令各州郡招募勇士为国效力，马腾作为应征的勇士登上了历史舞台，这一年是公元 187 年。

马腾的父亲是个丢了官的县级干部，母亲是凉州土生土长的羌族妇女，所以他也是个苦水里泡大的孩子，从小就学会了砍柴谋生。幸运的是，苦日子并没有影响马腾的生长发育，他慢慢长成了一个人高马大的壮小伙。

马腾应征入伍后，很快凭借军功升为军司马，但官兵们对起义军的作战在总体上却是胜少败多。就在这个时候，对军兵苛刻的耿鄙被手下人给砍了脑袋，马腾见官兵一盘散沙，必败无疑，就带着手下投奔了狄道人王国领导的汉阳起义军。后来，为了攻取重镇汉阳，王国的起义军和韩遂的起义军合兵一处，共同向官军发起了进攻。遗憾的是，王国遭遇了名将皇甫嵩，吃了一场大败仗，损兵折将，伤亡惨重。于是马腾和韩遂联手废掉了王国，另立凉州名士阎忠为主帅。阎忠病死后，马腾、韩遂这对当初的盟友开始争权夺利，第一次从朋友变成了敌人。不过，这时他们的矛盾并没有真正爆发，互相只是潜在的敌人。

大奸大恶的董卓专权朝政时，马腾、韩遂接受了朝廷的招安，但是当他们带兵赶到京城长安时，董卓已经被杀，京城又成了董卓部将李傕、郭汜的天下。虽然董卓死了，李傕、郭汜倒是没有赖账，他们让小皇帝封马腾为征西将军，驻兵郿地；封韩遂为镇西将军，驻兵金城。后来，马腾向李傕提了一个不知什么样的私人要求，李催没有答应，于是马腾的军阀病发作了，回到驻地立刻发兵进攻长安。韩遂听到消息，展示出了关键时刻一致对外的作风，带兵来给马腾助阵。尽管两人通力合作，在对方的强势兵力下还是吃了败仗，害得万余士兵命丧沙场。

李催、郭汜很生气，让小皇帝分别把马腾、韩遂贬为安狄将军和安羌将军，被贬官的马腾、韩遂郁闷之余成了患难之交，不但恢复了往日的友好关系，还结成了异性兄弟。

但这种因为利益而结成的联盟很难维持长久。两年后，马腾的部下和韩遂的部下发生了激烈矛盾，结果后者占了上风，马腾认为是韩遂暗中指使的，就带兵突袭韩遂大营，插了"老大哥"一刀。韩遂见马腾如此不讲义气，也翻了脸，集合全部兵力向马腾发起了复仇之战。马腾这下撑不住了，不但兵败如山，还连累得妻子和年幼的子女丧了性命。至此，曾经的异性兄弟已经成了不共戴天的仇人。

之后的一年内，马腾、韩遂互相攻打，各有胜负，凉州境内战乱不息，生灵涂炭。在此期间，小皇帝几经易手后被曹操迎到了许都，"挟天子以令诸侯"的时代悄然开启。

公元 197 年，曹操派使者调停马、韩之间的纷争，马腾和韩遂对于新"总理"曹操都很给面子，放下屠刀，握手言和。为了保证凉州地区的安定团结局面，曹操把实力相对较弱的马腾迁到了槐里（现在的陕西兴平一带），封其为槐里侯。

驻军槐里之后，马腾对自己的过去进行了反思，认识到了自己的过错和罪责,开始善待当地的黎民百姓。老百姓的眼睛是雪亮的,谁对他们好,谁对他们不好,心里明镜儿似的。于是,槐里的百姓热情宣扬赞颂马腾的善政。这样一来,曹操对深受百姓拥戴又坐拥重兵的马腾有些不放心了,他让小皇帝下旨征召马腾入京为官。尽管马腾不愿进京仰曹操鼻息过活,但君命不可违,他不得不把军队留给长子马超统领,然后自己带着马休、马铁两个儿子来到了都城,这才有了马腾父子三人在势单力薄情况下被曹操全部杀害的大悲剧。

按照《三国演义》里的描写,马腾被害在前,马超反曹在后,前者是因,后者是果。但是,从史书记载来看,马超反曹其实是因,马腾被害才是其果。

关于这两件大事,真实的历史是这样的——

公元 211 年,曹操派大军西出长安,准备借道马超等西凉军阀的地盘向汉中张鲁发起进攻。马超认为曹操此举心怀叵测,意在假虞灭虢,经过一番利弊权衡之后,最终决定联合韩遂等人共同起兵反抗曹操。根据《魏略》的说法,马超当时给韩遂写信说:当初曹操部下的司隶校尉钟繇让我攻取你韩将军,但我没有这样做,因为我们不能听信他们的话。现在正是生死存亡的关键时刻,我马超应该放弃身在京都的父亲,以韩将军为父亲,你韩将军也应当放弃在京都做人质的儿子,以超为子。韩遂等人深知唇亡齿寒、孤掌难鸣的道理,都同意了马超的联兵抗曹之议,于是,马超韩遂率领十万人马浩浩荡荡进军长安,一路之上频频告捷,一直打到黄河岸边的潼关。

在这种险恶形势下，奸雄曹操亲自挂帅出征，用离间计瓦解了敌人的军心，使得对方各路将领，特别是马超和韩遂互相猜疑，并借此机会发起猛攻打败了西凉联军。虽然如此，曹操对马超的背叛"到底意难平"，更令他愤怒的是，马超退回西凉后又联合其他军阀围攻为曹操效命的凉州刺史韦康，曹操一怒之下下了狠手，逮捕并且杀死了在他身边任职的马超之父马腾以及马超的两个弟弟马休、马铁。

马腾临难之际，不知有什么话要对儿子马超说……

生死关头，什么是救命稻草

《水浒传》第三十一回有这样一个情节：宋江从清风山下经过时，被山大王王矮虎捉上了山，王矮虎请来燕顺和郑天寿，准备把宋江开膛破肚，剖腹挖心，用他的心做醒酒汤喝。闻听此言，被捆在柱子上的宋江心生绝望，仰天长叹："可惜宋江死在这里！"燕顺听说此人是专爱结交天下豪杰，扶危济困义气第一的及时雨宋江，连忙为其松绑，跪倒谢罪。宋江凭借着义气这根救命稻草躲过了一场生死劫。

宋江在清风山的经历自然是虚构的，但历史上却又有好几个有着异曲同工之妙的故事，而且故事中的救命稻草各不相同。

两汉之交有一个汝南人名叫蔡顺，他少年丧父，和母亲相依为命。当时正值王莽篡权，天下大乱，生灵涂炭，偏偏汝南又遇上了饥荒，稻麦价格一路上涨，穷苦百姓根本无力购买，无奈之下，蔡顺只得拾桑葚作为母子二人的食粮。

一天，蔡顺在拾桑葚时不幸遇到了造反的赤眉军，他吓得浑身颤抖，不敢言语，生怕一句话说得不对把小命丢了，让家里的老娘失去依靠。一个军兵眼神特别犀利，发现了问题，厉声问道："你为什么把红色的桑葚和黑色的桑葚分开装在两个篓子里？"蔡顺结结巴巴地回答说："黑色的桑葚是熟好了的，让老娘吃；红色的桑葚还没熟好，留给我自己吃。"赤眉军听了他的话，被他的孝心深深感动，不但没找他的麻烦，还送给他两斗白米、一头牛，让他带回去供奉他的母亲，以示敬意。

这个故事后来被写进了"二十四孝"，名曰"拾葚异器"。

大约两百年后，大学者郑玄遭遇了和蔡顺相同的困境。

公元196年，也就是曹操把汉献帝弄到许昌开始"挟天子以令诸侯"的那一年，郑玄从徐州返回故乡高密，没想到在路上遇到大批黄巾军（当时被人们视为强盗）汹涌而来，而且有人认出了郑玄。郑玄是一位真正的名士，见到强盗时当然不会像蔡顺那样心惊胆战，口不能言，但心中也自然免不了要大唱一曲《志忐》。令人惊奇的是，黄巾军却对郑玄十分尊重，"见玄皆拜，相约不敢入县境"，原来他们有尊重知识分子（当官的当然除外）的军规。本来这批黄巾军是要攻打高密县城的，却因为遇到了郑玄这位大知识分子而放弃了原先的计划，郑玄凭借腹内的知识保护了自己，为故乡人民免去了一场战争灾难。

孝心救了蔡顺的命，知识解了郑玄的困并且挽救了高密城的百姓，他们逢凶化吉的故事和宋江在清风山的经历可谓殊途同归、异曲同工，但经历更为接近宋江的是跟郑玄同代的荀巨伯和唐朝的李涉。

荀巨伯更像宋江，是因为他也是凭借朋友之义这棵"稻草"救下了自己的命。

荀巨伯从远方千里迢迢赶到边境探望生了重病的朋友，不料恰好遭遇匈奴兵攻进了朋友居住的这座城池。朋友对荀巨伯说："我现在快死了，你赶快离开吧，不要无辜受伤。"荀巨伯回答道："我远道而来是为照顾你，你让我独自逃生就是让我败坏信义而求活命，我荀巨伯怎么能这么做呢？"

说话间，匈奴将领已经带兵闯入了朋友家里，他们惊奇地问守在朋友病床边的荀巨伯："大军已经进城，全城人都在逃命，你是什么人，竟敢独自留下来？"荀巨伯说："我的朋友生了重病，我不忍心丢下他，宁愿用我的身子替代他的性命。"匈奴将领听到这番话后，禁不住发出了这样的感慨："我们这些没有道义的人，却闯入了有道义的国家！"于是满怀着对荀巨伯的敬意率军撤走了，全城人的生命财产因为荀巨伯的信义之举得以保全。

李涉更像宋江则在于当时威胁他生命财产安全的是和矮脚虎王英一样的绿林强盗。

话说大唐长庆二年，即公元 822 年，在京城长安任职太学博士的李涉乘船南下，前往现在的江西九江，去看望自己做江州刺史的弟弟李渤。当船行至浣口（在今安徽潜江附近）时，忽然闯来一群打家劫舍的盗贼，一个个手执刀枪，凶神恶煞一般喝令他们停船。

船被迫停下后，劫匪大声质问："船上什么人？"船夫答道："是李涉博士。"匪首一听船上之人乃是大名鼎鼎的诗人李涉，立即命令部下停止抢劫行动，说出了这样一句光照历史的话语："如果真是李博士，我们就不打劫他了。不过我辈早就听说他的诗名，希望他能给我们写一首诗。"

正自忐忑不安的李涉听罢此言，铺开宣纸，写下一首绝句：

井栏砂宿遇夜客

暮雨潇潇江上村，绿林豪客夜知闻。

他时不用逃名姓，世上于今半是君。

匪首得诗喜出望外，不但没抢李涉的钱财，反而赠送给他许多财物。

孝心、知识、信义、才华都是看不见、摸不着的无形之物，却能在生死关头战胜冷冰冰、阴森森的刀枪剑戟，救下一个、几个乃至千千万万个无辜的生命，而我们中华民族历经五千年风霜雪雨、磨难沉浮，犹自傲然屹立于世界民族之林，也应该和中国百姓对孝心、信义的坚守，对知识、才华的尊崇不无关系吧！